め　に

ない「自分軸」を見つける本

> の仕事をずっと続けていいのか分からない。
>
> モヤモヤする……」

> 何か』やりたいけれど、
>
> 何がしたいのか』が分からない……」

手に取ってくださったあなたはこのような悩みを抱え
しゃるかもしれません。

その悩みを解決するために書きました。

の僕自身も同じような気持ちを抱えていました。やりた
が分からず、ベッドに寝転んでスマホでYouTubeを再生
る、そんな自堕落な生活をしていました。

ろん、そんな自分を変えたいと思って行動を起こそうと
す。

かし、何かやりたいけれど何をやればいいか分からずエネ
ーを持て余していたのです。

の状況から、現在まで僕が学び実践してきたこと全てをま
たのが本書です。

在は朝、目覚めた時には「今日もやりたいことをやるぞ！」
ワクワクして、昼間はずっとやりたいことに夢中になり、夜

はじ

二度とブレ

「こ
モヤ

「『
『イ

人生のモヤモヤから解』

世界一や

「やりたい
の見つ

八木仁平
Yagi Jimpei

本書を
ていらっ
本書は

過去の
いことが
し続け
もち
はじま
した
ルギー
そ
とめ
現
と『

KADOKAWA

寝る前には「あぁ、やりきった」と充実感を持って眠りにつくことができるようになりました。

　僕という人間が変わったわけではありません。ただ単にエネルギーを向ける先である「やりたいこと」を見つけただけです。

　この本を手に取ってくださったあなたも、過去の僕と同じような状況かもしれません。

　しかし、あなたが持っている可能性はそんなものではありません。エネルギーを向ける先さえ見つけてしまえば、あなたの人生は劇的に変わり始めます。

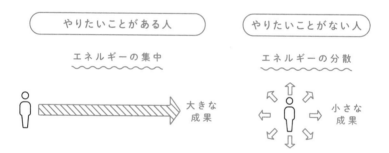

やりたいことで「成長し続ける」無限ループに入る方法

　あなたには、この本を読んで「やりたいこと」で成長し続ける無限ループに入っていただきます。

・自分の「やりたいこと」を学び成長する

・学んだことを人に提供してお金と感謝をセットで受け取る

・そのお金を、また学びに投資する

・そして、成長したスキルでより高い報酬を受け取る

やりたいことを
学ぶ

やりたいことで
人を喜ばせ
お金を稼ぐ

　こんな好循環に入ってもらうのがこの本の目的です。**この無限ループに入るために最も重要なことが「『やりたいこと』を見つける」という作業**です。

　「やりたいこと」以外を仕事にしてしまうと、せっかくこのループに入れそうな時に「もしかすると他の道を進んだ方がいいのかな?」と不安になったり、「あっちの方が楽しそうだ……」と途中まで登った道を引き返してしまい、また振り出しに戻ってしまうからです。

　「やりたくないこと」を仕事にしていると、2つの悪循環にハマってしまいます。

　1つ目は仕事自体がストレスだから、そのストレス発散のためにお金が消えていってしまうパターンです。なんとなく誘われた飲み会に行ったり、娯楽にお金を使ったり、必要ではないブランドの服を買ってしまったり、お金が消える先は無限にありますね。

2つ目は仕事に興味がないから、時間があっても学ぶことがなく成長しないパターンです。家に帰ってもスマホを片手にYouTubeに明け暮れ、生産性のない時間を過ごしてしまっている人はいませんか？

　時間を潰せる娯楽は大量にあるので、「やりたいこと」が明確にない人は無限に時間を吸い取られてしまいます。

　この2パターンによって、「やりたいこと」を仕事にできていない人は、成長が止まってしまうのです。

　そうなると、最初からつまらない仕事が成長しないことによってさらに退屈になっていくという、言わば「負のループ」にハマって、徐々にモチベーションを失っていきます。

　あなたもこの「負のループ」にハマりかけていないでしょうか？

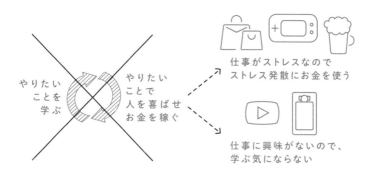

やりたいことを見つけないと成長ループには入れない

やりたいことを学ぶ

やりたいことで人を喜ばせお金を稼ぐ

仕事がストレスなのでストレス発散にお金を使う

仕事に興味がないので、学ぶ気にならない

やりたいこと探しには「メソッド」があり、誰でも見つけることができる

「そんなこと言われても私にはそんな夢中になれるやりたいことなんてないよ」と思う方もいるかもしれません。

確かに過去の僕もそう思っていましたし、僕のもとに相談に来てくださるクライアントも最初はみなさんそう言います。

けれど安心してください。「やりたいこと」探しは、全く難しいものではありません。数学の問題を解くのと同じで、「やりたいこと」探しにも公式があります。

僕はこれを「自己理解メソッド」と呼んでいます。

「自己理解メソッド」に従って、自分の「やりたいこと」探しを終わらせたクライアントは、最初出会った時とは別人かと思えるほどに顔色が明るくなり「これが私のやりたいことです！」と自信を持って言えるようになって、生活が充実し始めます。

そうして劇的に変化していくクライアントを見て、僕はこう確信しました。「やりたいこと」がない人がいるのではなく、「やりたいこと」の正しい見つけ方を知らない人がいるだけ、だと。

本書では、まずCHAPTER1で「『やりたいこと』探しを妨げる5つの間違い」と題して、5つの「やりたいこと」が見つからない失敗パターンを取り上げました。そしてその後に、自己理解メソッドをお伝えして、あなただけの「やりたいこと」を内側

から掘り起こしていきます。

「あらゆる悩み」が解決していく本質的メソッド

　この本は、誰か特別な人にしか使えないテクニックを取り上げたものではありません。

・就活生
・起業家
・フリーランス
・転職活動中の方

　自分の仕事をより夢中になれるものに変えていきたいと感じている方であれば、誰でも有効に使っていただけます。
　なぜなら、会社への入社も、独立も、起業も、転職も、全ては自分の「やりたいこと」を実現するための手段でしかないからです。
　そう、全てにおいてまず見つけるべきは、あなたの「やりたいこと」です。
　働き方の形態にこだわる必要は全くありません。僕のクライアントは「就活中の大学3年生」「フリーター」「起業家」「転職活動中のサラリーマン」「主婦」など幅広い方がいるのが特徴です。
　それは、この本で伝えているメソッドが、働き方の本質を捉

えており、どんな時代でも誰でも活用できるものだからでしょう。

　僕自身が実践したものであり、年間200人ペースでクライアントの「やりたいこと」探しをサポートしている中で結果が実証されているメソッドです。

　また、驚くべきことに、自己理解メソッドを使って「やりたいこと」探しを終わらせていくうちに、仕事以外の「人間関係」や「健康」の悩みも解決していきます。

　僕が実際にこの本に書かれている方法を伝えて、成果を出されたクライアントの声を一部紹介しておきましょう。

・21歳から7年間探し続けていた「本当にやりたいこと」が見つかりました。（20代男性、ITコンサルタント）

　自己理解をする前は、このまま生き続けていて大丈夫なのかというモヤモヤ感がありました。本を読んで自分のやりたいこと探しをしていましたが、結局本当に自分がやりたいことは見つかりませんでした。

　八木さんの自己理解を学んでやりたいことが見つかったのは、体系的に構成されていたことが大きな要因だと思います。学んでいて納得感がありました。

・自己理解に出逢ってない自分を想像するとおぞましいです。(20
代女性、飲食店勤務)

　　　自分を知る前は、人の目を気にして八方美人になりがちでした。けれど、価値観が明確になったあたりから、本音で話すことができるようになったり、等身大の自分であれるようになってきました。その結果、本当に大切にしたい人だけが周りにいる理想の状態に近づいてきました。

　　　健康面も大きく変わりました。自己理解を始める前は、自律神経失調症の診断を受けたタイミングで、過去のネガティブなことに目を向けることが多かったです。自分のことが分かってきてからは、理想の未来が明確になって、毎日少しずつ前進している感覚を味わえるようになってワクワクすることが増えました。

一刻も早くやりたいこと探しの
「モヤモヤ」から解放されて欲しい

　「『やりたいこと』探しはできるだけ早く終わらせて欲しい」
これが僕の願いです。
　なぜなら、人は年齢を重ねるごとに外部からの期待により生

まれた「やるべきこと」にがんじがらめにされるからです。

・「社会人としてやるべきこと」
・「上司としてやるべきこと」
・「親としてやるべきこと」

「やりたいこと」を探そうとした時に、これらの「やるべきこと」が言い訳として足を引っ張ってくるようになります。

　一方で「やりたいこと」が明確な人は、そんな「やらなきゃいけないこと」を押し付けられそうになった時に、明確に「No」を言えます。なぜなら「自分に必要なこと」と「そうでないこと」を理解しているからです。

　「やりたいこと」が明確な人は自分に必要なスキルや知識を身につけ、より自由になっていきます。

　一方で、やるべきことに縛られている人は、しがらみや常識を身に纏い、より不自由になっていきます。そして「学生時代が一番楽しいんだから、今のうちに遊んでおけよ！」と若い人たちにアドバイスをし始めます。僕はこういう大人が大嫌いです。この本を手に取ってくれたあなたにそうなって欲しくありません。

　「やりたいこと」を全力でやり「人生はどんどん楽しくなる」ということを背中で示してもらいたいと考えています。

　誰かより100倍も頭がいい人間なんていません。しかし、他人に比べてものすごい成果を出す人はいます。

なぜでしょうか？

それは、自分の中にあるエネルギーの使い方を他の人よりも知っているからです。

上手くいく人は、エネルギーを１つの方向に集中させます。明確な人生の目的を見つけているので他人に流されることがありません。また、自分がその目的に近づくためのどんな強みを持っているかも分かっています。ですので、苦手なことをやり続けて消耗することがありません。

さらに、一生懸命頑張るのではなく、純粋な好奇心で動いています。そのため嫌々ものごとに取り組むことはなく、他の人よりも行動力があります。

つまり、成果を出せる人は自分の活かし方を知っているのです。しかし、これらは特別なものではありません。誰でも今から学ぶことのできる技術です。あなたは、それをこの本で身につけようとしています。残りの人生の中で、最も自分と向き合いやすいのが他でもない今です。

毎日やりたいことにワクワクし、成長して、そのやりたいことで人を喜ばせ、収入も増え続ける、そんな成長ループにあなたを案内します。

八木仁平

目次

CHAPTER
4

人生を導くコンパス
「大事なこと」を見つける ……………………… P85

How to find
what you want
to do.

ブックデザイン：菊池祐（ライラック）
本文デザイン：Mai Seike（株式会社 メタ・マニエラ）
カバーイラスト：金安亮

CHAPTER

1

「やりたいこと」探しを妨げる5つの間違い

　僕の「自己理解メソッド」を説明する前に、まずは「やりたいこと」探しに関する迷信を解いておきます。

　ここで紹介する「5つの間違い」を持ったまま「やりたいこと探し」を進めても、やりたいことは見つかりません。

　けれどこの間違いにハマってしまっている人が実に多いのです。この5つの間違いを解くだけで「やりたいこと」が見つかってしまう人もいるぐらいです。それほど、この「思い込み」は強烈です。

　「やりたいこと」探しを終わらせるための自己理解メソッドを説明する前に、まずこの間違いを取り除いておかなければ見つかるものも見つからなくなってしまいます。

　では、一緒に1つずつ間違いを取り除いていきましょう。

間違い①
「一生続けられること」でなければいけない

　「一生やりたいことを見つけるぞ！」 と意気込んでいる方はいないでしょうか？

　「やりたいこと」を見つける段階で「これを一生の仕事にしよう」と思えるようなことはあり得ません。

　そうではなく、「やりたいこと」は「今一番『やりたいこと』」で構いません。今の20代の人は、50%の確率で100歳まで生きると言われています。そんな時代に、ずっと興味を持ち続けられるこ

とを探す必要などあるのでしょうか？

　また、社会の変化も年々早まっています。iPhoneが誕生したのも、たった10年前です。そんな時代に1つの「やりたいこと」に固執し続けるのは、もはやリスクでしかありません。

　ある時期の日本では「継続」が美徳だったかもしれません。しかし、今の時代のキーワードは「変化」です。1つの場所でずっと粘る力よりも社会の変化に合わせ、柔軟に生きる時代に変わりました。一度「やりたいこと」を決めても、関連分野に興味が湧いてきたりすることもあるでしょう。

　その時はサッと、働く分野を変えるのもいいと思います。それまでの分野で学んだことは、次の「やりたいこと」に取り組んでいく中でも必ず役立つことでしょう。

　一番危険なのは、「やりたいこと」が何もなく、漫然と毎日を過ごしてしまうことです。

　もしあなたが「一生続けられることを見つけたい！」と思っている場合も、そのスタート地点は「今一番『やりたいこと』」です。

　「今一番『やりたいこと』」に毎日向き合っていって、死ぬまで飽きずにいられたとしたら、結果としてそれが「一生やりたいこと」になるのです。

> ┈ **POINT** ┈┈┈┈┈┈┈┈┈┈┈┈┈┈┈┈┈┈┈┈┈┈
>
> 間違：一生続けられることでなければいけない
> （真実）：今一番やりたいことをやればいい

間違い②

やりたいことを見つけた時には「運命的な感覚」がある

「『やりたいこと』を見つけた時には、運命的な感覚があるから自然と分かる」という迷信も「やりたいこと」探しを妨げる強力な敵です。

実際のところ、「やりたいこと」を見つけても最初は**「ふ〜ん、面白いかも」**という興味レベルであることがほとんどです。

事実、僕自身も「自己理解」に出会った時にも「これだあああああ！」という衝撃があったわけではなく、**「なんか面白いぞ」**と感じる程度でした。その興味を仕事として取り組んでいく中で自分で考え、成長して、他人にも感謝されるうちに**「これが自分の『やりたいこと』だ」**と感じられるようになったのです。最初から「これが天職に違いない！」と感じていたわけではありません。

これを裏付ける研究があるので紹介しておきます。

インドのラージャスターン大学で「恋愛結婚」と「お見合い結婚（取り決め婚）」では、どちらが満足度が高いかを調べている研究があります。

その結果、結婚１年以内の場合の満足度は「恋愛結婚＝70点」「お見合い結婚＝58点」で恋愛結婚の方が高かったのですが、なんと長期的な満足度では「恋愛結婚＝40点」「お見合い結婚＝68点」と、満足度が逆転したという結果が出ています。

なぜこの結果になったのでしょうか？

　この研究では、恋愛結婚の場合は「自然と上手くいく前提で結婚しているのでお互いの努力がなくなったことが原因で結婚に対する満足度が下がる」、お見合い結婚の場合は「上手くいくか分からない前提からスタートし、お互いが歩み寄る努力をするので満足度が上がる」のではないかということが指摘されています。

　つまり「愛情は最初から存在しているもの」という立場の恋愛結婚か「愛情は歩み寄って育てていくもの」という立場のお見合い結婚かという差です。

　これは、「やりたいこと」探しでも同じです。「『やりたいこと』はどこかに存在しているもの」という考えの人と、「『やりたいこと』は試行錯誤しながら育てていくもの」という考えの人は、最終的にどちらが満足する仕事を手に入れられるでしょうか？

　ここを勘違いしてしまうと、運命的な「やりたいこと」を探し続けて、転職を繰り返すジョブホッパーになってしまう人が出てくるのです。

　別に転職自体は悪いことではありません。今の場所で輝けないと感じたら、むしろ積極的に仕事を変えるべきだと私も思います。

　けれど、仕事に対して「どこかに良いことだらけの天職がある」という理想を持つのは危険です。

　そもそも楽しいだけの仕事なんてどこにも存在していません。どんな仕事でも面倒なこともあれば、嫌なこともあります。「やりたいこと」のために「やらなければいけないこと」も存在しますが、それを工夫して楽しめるようにしていくのも仕事の一部です。

　天から与えられる運命的な「やりたいこと」を探しても時間の無

駄です。今自分の中にある小さな興味を育てたり、目の前の仕事を面白くする工夫をすることで「やりたいこと」は作られます。

　この本で見つけるのは、「運命的な『やりたいこと』」ではなく、「自分が心から納得できる、自分で作る『やりたいこと』」です。

　「自分にピッタリの仕事がある」という幻想を捨てて、合理的な「やりたいこと」探しを始めましょう。

> ┄ **P O I N T** ┄┄┄┄┄┄┄┄┄┄┄┄┄┄┄┄┄┄┄┄┄
>
> ~~間違い~~：やりたいことを見つけた時には
> 　　　　運命的な感覚がある
> （真実）：やりたいことを見つけても最初は興味レベル

間違い③
「人のためになること」でないといけない

　「『やりたいこと』は人のためになるような立派なことじゃないといけない」と思っている人も多いです。

　この間違いをしていると、自分の「やりたいこと」は見つかったのに「これがやりたい！」と周りの人に言うことができません。けれど、「やりたいこと」を考える時点では、それが人の役に立つかどうかなんてどうでもいいことです。

　どんな「やりたいこと」でも、あなたが興味を持ったなら、同じ

ことに興味を持っている人は必ずいます。その人たちに向けてアプローチをすることで、必ず仕事(商売)になります。

仕事になるということは、価値を感じてくれている人がいるということなので、自分の「やりたいこと」をし続けた結果として「人のためになっている」というのが正しいのです。

もしあなたが今「誰にでも褒められるような立派な『やりたいこと』を見つけないと……」と思っていたら、その考えはすぐに捨ててください。無理やり自分を押し殺して「人のために頑張るんだ」というのは、ただの自己犠牲です。

無理やり作り出した「**人のための『やりたいこと』**」を続けることはできません。僕のところに相談しに来てくださるクライアントでも、話を聞いてみると自分を犠牲にして人のために働くのは3年が限度のようです。もちろん3年も続ける前に、自己理解をして他の選択肢を探し始めるのがいいのですが、どれだけ頑張っても自己犠牲は3年しか持ちません。

反対に、「やりたいこと」は、自分がストレスなく続けられることなので、人のために長期にわたり貢献し続けることができます。

「やりたいこと」をやれば、自分が楽しく、人のためにもなり続け、成長し感謝され続けるという自利利他の状態を作ることができるのです。

> **・POINT・**
>
> 間違い：人のためになることじゃないといけない
>
> 真実：**自分のために生きることが人のためにもなる**

間違い④

見つけるには「たくさん行動する」しかない

**「『やりたいこと』が分からないなら、とにかく行動してみるしか
ないよ」**というアドバイスをよく聞きます。

　周りの人に相談した時に、この言葉をかけられた経験のある人も
多いのではないでしょうか？　けれど、このアプローチは間違って
いると断言できます。なぜなら、「やりたいこと」が分からない原
因の多くは「選択肢が多すぎること」だからです。

　「『やりたいこと』はこれだ！」と選択する時には２つの要素が必
要になります。

　１つは**選択肢**。どんな種類の仕事があるのかということです。こ
れを知っておくことはもちろん大事です。僕たちが知ることのでき
る仕事の選択肢は、SNSの普及によって非常に多くなりました。
様々な人が情報を発信してくれているため、僕たちは豊富な選択肢
を手に入れています。

　もう１つは**選択基準**です。いくらたくさんの選択肢があったとし

たくさんの選択肢　　　　　　　選択基準　　　　　着たい服

ても、その中から選ぶ力を持っていなければ、納得のいく選択をすることはできません。

　服選びの時をイメージしてもらえば分かりやすいかもしれませんね。服の種類は、服屋に行けば選び放題です。けれど選択基準がしっかりしていない状態だとどうなるでしょうか？　「今これが人気」や「価格が安い」など「自分が着たい服」という本質とはズレた情報に流されて、服を選んでしまうかもしれません。服選びなら、人生に占める重要性は低いのでその選び方でも大きな問題は起きないでしょう。これが仕事選びとなると話は別になります。

　この仕事選びで「今これが流行っている」や「給料が高い」など、自分がやりたい仕事をするという本質からズレた選択をしてしまった場合、非常に大きな弊害があることは想像に難くありません。

　「『やりたいこと』が分からない」と感じている時にやるべきなのは選択肢を増やすことではありません。僕たちはもう十分すぎるほど選択肢を手に入れています。

　必要なのは、**「選択基準」**を磨くことです。選択基準は、自分の内側にしかありません。だから選択基準を磨くために自己理解が必要なのです。いくら外を探しても、多すぎる選択肢に圧倒されて行動がにぶっていくだけです。

···· **POINT** ···

間違い：見つけるには行動するしかない

真実：見つけるには自己理解するしかない

間違い⑤

やりたいことが「仕事」にならない

「やりたいこと」を見つけようとする時の最大のハードルが**「や りたいことが仕事にできそうにない……」**という考えです。けれど、その考えを持っている状態では「やりたいこと」は絶対に見つかりません。

重要な考え方をお伝えします。

・「やりたいこと」は自分の中にあります
・「やりたいこと」の実現手段は社会の中にあります

これを理解しておく必要があるのです。

例えば、仕事の先輩に**「私の『やりたいこと』って何でしょうか?」**と聞いても、その先輩は絶対に答えを知りません。あなたの「やりたいこと」は、あなたの内側にしかないからです。

けれど仕事の先輩に**「歌を仕事にしたいのですが、どうすればいいでしょうか?」**と聞けば、何かしらアドバイスをくれるでしょう。既に歌を仕事にしている友達を紹介してくれるかもしれません。「やりたいこと」は自分の内側にしかありませんが、「やりたいこと」の実現手段は自分の外側に溢れまくっています。

僕自身「『自己理解』の仕方を多く人に教えたい!」と思った時に、最初はどうすれば仕事にできるかのイメージなんてありませんでした。

　同じように自己理解について仕事にしている人を参考にさせてもらいました。そして、どうやって仕事を組み立てていけばいいかアドバイスをもらいながら徐々に仕事、つまりはお金をもらえるようになっていきました。

　今は世界中に「自己理解プログラム」を広げていきたいと考えているので、そのアドバイスも、既に実現されている方から教わりながら進めています。僕が試行錯誤をしてやりたいことを仕事にした過程は、CHAPTER 7で具体的に解説しています。

　「やりたいこと」を考える段階では実現できるかどうかを考える必要はないんです。自分がやりたいと感じることなら、必ず先に同じようなことを仕事にしている人が存在します。誰かのやっていることの内容をパクるのはいけませんが、実現の仕方ならいくらでも真似して〇Kです。もちろん本書を読んで僕のことも真似してもらって構いません。

　「やりたいこと」の実現手段まで自分で考えなければいけないとなると、「やりたいこと」探しのハードルが一気に上がってしまいます。だから「やりたいこと」を探す段階で、実現手段をセットで考えるのはやめてください。それは後の話です。

> ···· **POINT** ····
>
> 間違い：やりたいことが仕事にならない
>
> （真実）：やりたいことは自分の中にある。
> 　　　　実現手段は社会の中にある

この5つの勘違いが解けたなら、あなたは「やりたいこと探し」のスタート地点に立つことができました。CHAPTER 2では僕が「やりたいこと」を見つけた経験を元に「やりたいこと」が見つかる人と見つからない人の違いを説明します。

CHAPTER

2

コンビニバイトをクビから、 「やりたいこと」を見つけて人生逆転した話

　大学1年の春休み、僕は友人と2人で旅行で名古屋に来ていました。ファミレスで晩ご飯を食べているときに、電話がかかってきました。番号を見てみると、バイト先のコンビニの店長からです。

　普段バイト先から電話がかかってくることはほとんどないので「なんだろう？」と思いながら電話に出ました。**「八木さんあなたは仕事のモチベーションも低くて、よく直前に風邪で休むし、あまりシフトも入れないから、もう次からバイトに来なくていいよ。それじゃあ」**と、店長から告げられました。

　急なことだったので僕は「はい、はい」としか返事をすることができず、そのままバイトをクビになってしまったのです。

　コンビニバイトを始めてから2ヶ月のことでした。

　早稲田駅の近くで、時給が1,000円と好条件だったので応募したコンビニバイトです。バイトに応募した理由は「楽そうだから」というやる気のかけらもないものでした。

　けれど実際にバイトを始めてみると、仕事内容は分からないことだらけ。品出し、切手の販売、ホットスナックの準備、おにぎりの作製、クリーニングの受け取り、電子マネーの使用方法。「楽そうだから」という理由で始めたコンビニバイトですが、覚えることが予想以上に多くて何もできませんでした。

　一番記憶に残っているのは、タバコの銘柄の種類の多さです。壁

一面に100種類近くのタバコが並んでいる中から、レジに来たお客さんが必要としている銘柄を一瞬で選び出し、間違いなく渡すという仕事が苦手でしかたなかったのです。

そんなこともあり、徐々に「なんで自分の1時間を1,000円で売らなきゃいけないんだろう。あぁ、もうバイトに行きたくない」とどんどんモチベーションが下がっていってしまいました。

バイト中も、レジの向かいの壁にかかっている時計を何度も眺めて「まだ5分しか過ぎてない」と仕事が終わる時間を待つだけの状態になっていました。

そんなモチベーションが低いまま働いていた中でかかってきたのが、さきほどの電話です。

正直コンビニバイトをする前は、「こんな誰でもできる仕事に人生を使って」と、見下している部分もありました。そんな見下していたコンビニの仕事すら満足にできずにクビになってしまった自分を、どうやって慰めればいいのか分からず、しばらくは落ち込んでいました。

ずっとバイトをせずに親からの仕送りだけでやりくりしていくのは厳しい。

けれどコンビニバイトすらクビになった自分に、何かできる仕事があるようにも思えない。

自分にできることは何だろうとグルグル考えながら、ネットサーフィンしていたときに、「強み診断」というサイトを見つけました。「これを受ければ自分にもできることが見つかるかもしれない」と思い、お金を払って40分ほどの強み診断を受けてみました。

その結果で分かったのは、

・決められた作業をこなすのがとても苦手
・初対面の人と何人も話さなきゃいけないのが疲れるタイプ
・人から指示されるのがそもそも嫌

　ということです。まさに、コンビニバイトで求められている能力は全て持っていないという結果です。逆に、自分の強みとして分かったのは、

・アイディアを考えるのが得意
・じっくりと考える作業は全く苦にならない
・人に自分の考えを伝えるのが得意

　というものでした。単純な僕は、この結果を見て自信を取り戻しました。「コンビニバイトをクビになったのは、自分に向いていなかっただけで、自分が仕事のできないダメ人間なわけではないんだ」と。

　そして、今度はバイトではなく強みである自分の考えたことを人に伝える仕事をやってみようと「ブログ」を始めました。

　当時はブログをやれば月数万円のお小遣いが稼げると、ネット上で色んな人が言い始めていた時期で「数万円稼げれば最高だな」という軽い気持ちでスタートしました。

　パソコンと向き合って文章を書くのはとても楽しくて、全く苦になりません。幸運なことにブログを始めて10記事目に書いた「高

田馬場のおすすめラーメンを紹介する記事」が、SNSで拡散されて１万人近くの人に読んでもらうことができたのです。

「これはいけるかもしれない」と思った僕は、さらにブログにハマっていきました。好きなだけ時間をかけて、誰からも急かされることなく文章を書くことができるので、楽しくてしかたありませんでした。大学の授業中もブログを書き、昼休みはご飯を食べずに図書館でブログを書き、ゼミに行っても、こそこそブログを書いていました。

すると、徐々にブログ記事で、お金が稼げるようになっていったのです。最初は月３,０００円、次に１万円、半年経った時には月９万円とコンビニバイトをしていた時よりもずっと多くのお金が、自分が好きでやっていることから得られるようになっていました。

そして１年半経った時には、月１００万円以上の収入が得られるようになりました。

このときに「苦手なことをやっていても疲れるだけで、何も得られることはない。得意なことをやれば、すぐに、かつ楽しく成果が出る」と確信しました。

大学在学中にそれだけの収入があれば、就職する必要もないと思い、大学卒業後にはそのまま独立しました。この時僕は「２２歳で月１００万円も稼げるなんて人生余裕だな」と正直天狗になっていました。けれど、そんなに人生上手くは行きません。最初は楽しくて書いていたブログが、いつの間にか「お金のための仕事」になってしまっていたからです。

何のためにブログを書くのかと言えば「お金のため」。どんな記

自己理解で
人生の目的を
発見

大学入学

ブログで月100万

好きの発見

強みの発見

コンビニバイトを
クビに

仕事の目的を失って
鬱状態

事を書くのかと言えば「お金が稼げそうな記事」としか答えられない状態になっていました。

　そんな働き方が楽しいわけはありません。金銭的には満たされていて、周りからみると成功している状態だったと思います。けれど幸せかと言われると全く幸せを感じることはなく、**お金を生み出すマシーン**として日々キーボードを叩いていました。

　「このまま仕事を続けても自分の人生はつまらないままだろうな……」と思いつつも、お金を稼げている仕事なので、やめるわけにはいきません。「本当にこのままでいいんだろうか？」という疑問を抱えたまま1年ほどモヤモヤ考えながらブログを書き続けていました。

　ある朝、起きた時に、いつもと体の感覚が違うことに気づきました。頭がボーッとしている。体の感覚が鈍い。仕事のやる気も湧かない。なんか変だと思いながら、いつも食べに行っていた近所のラーメン屋さんに行きました。そこでこってりラーメンを注文したのですが、味があまり感じられないのです。

　自分の症状をネットで調べてみると、軽度の鬱状態になっているということが分かりました。

長い間ストレスを抱えていたため、鬱状態になってしまったようです。幸いなことに１週間ほど休んでいたら、症状はなくなりました。けれど目の前の現実は何も変わっていません。

本当の意味で「このままの働き方ではマズい」と気がついた僕は、本格的に「自分が『本当にやりたいこと』は何だろう？」と向き合うことを決断しました。

片っ端から本を読み、面白そうなセミナーがあれば行き、自分が本当にやりたいことはなんだろうと模索しました。

ある時気づいたのが「あれ、自分ってこんなに自分の内側を探るのが好きなんだ」ということです。学べば学ぶほど、自分のことが分かっていき、楽しくて仕方がなかったのです。

そう言えば、昔から心理や哲学について学ぶのは大好きでした。勉強自体は好きではなかったのですが、学校の授業でも「倫理」は学んでいて唯一楽しい科目でした。「もうこれを仕事にしていけばいいのでは？」とその時気づきました。

過去の僕と同じように、自分の強みが分からず、やりたいことが分からず暗闇の中にいる人に僕がこれまで学んできたことを伝えればいいじゃないか、と。それまでは仕事としてやっていたブログに一貫したテーマはありませんでした。

けれどこの時から、「自己理解」をテーマにブログを書き始めたのです。目的は「同じように人生にモヤモヤしている人の悩みを晴らす」ことにしました。

ブログを書いているうちに、読者の方から「もっと知りたいです！」と声をいただいたり、雑誌の『anan』さんから「自己理解

メソッドを紙面に掲載させてください」とお問い合わせをいただくようになりました。メソッドをまとめて提供しているプログラムは、現在これ以上お客さんを受け入れられないほど盛況です。

そして今は、もっと多くの人に体系的な自己理解を伝えるために本を執筆しています。

今では僕は、人生の根本を決める「自己理解」については学校で学ぶべきだと考えています。

小学生から大学まで卒業すれば16年間もあるのに、何が好きで、何が得意で、何を大事にして生きたいか、ということと向き合わないのはおかしいでしょう。ですので、「どうすればやりたいことで自分らしく生きられるんだろう?」と悩み、学んで、実践して気づいた内容を僕が本書を通して伝えます。

> ┌─ POINT ┄┄┄┄┄┄┄┄┄┄┄┄┄┄┄┄┄┄┄┄┄┄┄
> 「やりたいこと」を見つければ、人生が変わる
> └┄┄┄┄┄┄┄┄┄┄┄┄┄┄┄┄┄┄┄┄┄┄┄┄┄┄┄┄┄

「やりたいことが分からないなら 行動してみるしかない」の落とし穴

なぜ「やりたいこと」を見つけるために、自己理解が必要なのでしょうか?

それは、今世の中が複雑になりすぎているからです。

「VUCA」という言葉を知っていますか？　VUCAとは4つの単語「Volatility（変動性）」「Uncertainty（不確実性）」「Complexity（複雑性）」「Ambiguity（曖昧性）」の頭文字を取って作られた単語です。あらゆるものを取り巻く環境が複雑性を増し、想定外の事象が次々と発生するため、将来の予測が困難な状態を指す言葉です。

選択肢が多くなると、やりたいこと選びは難しくなります。

コロンビア大学の実験で分かった「ジャムの法則」を知っているでしょうか？

スーパーの試食でジャムを24種類準備したら、試食して購入した人は3％しかいませんでした。そのジャムの種類を6種類に減らしたところ、試食して購入した人がなんと30％に増加したのです。

人は、選択肢が多いと「選択しない」という選択をします。だから24種類のジャムは売れないのです。

やりたいことが決められない人も同じです。

多すぎる選択肢の前で立ち止まって「選択しない」という選択をして、やりたいことを決めるのを先延ばししてダラダラと生きてしまいます。

(24種類のジャム)　　　　(6種類のジャム)

人は選択肢が多いと決められず、
「選択しない」という選択をする

また、「やりたいことが分からないのは行動が足りないからだ！」
と新しく興味のあることに手を出しても、さらに選択肢が増えてま
すます分からなくなるのです。

> **POINT**
>
> ## 「やりたいこと」が分からないのは
> ## 選択肢が多すぎるから

「迷い続ける人」と「自分の道を進む人」の
たった1つの違い

　ではそんな選択肢の多い複雑な世の中で、自分の進む道を決断す
るにはどうすればいいのでしょうか？

　最も危険なのは、「どの道を進むのが一番メリットがあるだろう
か？」と頭で考えて判断することです。時代の変化が早い中で、今
メリットがある選択がすぐにメリットの少ない選択になってしまう
ことは普通にあり得ます。

　今から30年前の1989年には、世界の時価総額ランキングで
TOP50社のうち日本企業が32社を占めていました。しかし、
2018年現在、TOP50社のうち日本企業が何社あるかご存じです
か？

　なんとトヨタ自動車たった1社です。30年でこれだけ社会状況

[平成元年] 世界時価総額ランキング

順位	企業名	時価総額(億ドル)	国名
1	NTT	1,639	日本
2	日本興銀	716	日本
3	住友銀行	696	日本
4	富士銀行	671	日本
5	第一勧銀	661	日本
6	IBM	647	米国
7	三菱銀行	593	日本
8	エクソン	549	米国
9	東京電力	545	日本
10	R・D・シェル	544	米国
11	トヨタ自動車	542	日本
12	GE	494	米国
13	三和銀行	493	日本
14	野村証券	444	日本
15	新日本製鉄	415	日本
16	AT&T	381	米国
17	日立製作所	358	日本
18	松下電器	357	日本
19	F・モリス	321	米国
20	東芝	309	日本
21	関西電力	309	日本
22	日本長信銀	309	日本
23	東海銀行	305	日本
24	三井銀行	297	日本
25	メルク	275	米国
26	日産自動車	270	日本
27	三菱重工業	267	日本
28	デュポン	261	米国
29	GM	253	米国
30	三菱信託銀	247	日本
31	BT	243	英国
32	ベル・サウス	242	米国
33	BP	242	英国
34	フォード	239	米国
35	アモコ	229	米国
36	東京銀行	225	日本
37	中部電力	220	日本
38	住友信託銀	219	日本
39	コカ・コーラ	215	米国
40	ウォルマート	215	米国
41	三菱地所	215	日本
42	川崎製鉄	213	日本
43	モービル	212	米国
44	東京ガス	211	日本
45	東京海上保険	209	日本
46	NKK	202	日本
47	アルコ	196	米国
48	日本電気	196	日本
49	大和証券	191	日本
50	旭硝子	191	日本

出所 米ビジネスウィーク誌

[平成30年] 世界時価総額ランキング

順位	企業名	時価総額(億ドル)	国名
1	アップル	9,410	米国
2	アマゾン	8,801	米国
3	アルファベット	8,337	米国
4	マイクロソフト	8,158	米国
5	フェイスブック	6,093	米国
6	バークシャー・H	4,925	米国
7	アリババG	4,796	中国
8	テンセントH	4,557	中国
9	JPモルガン	3,740	米国
10	エクソンM	3,447	米国
11	ジョンソン	3,376	米国
12	ビザ	3,144	米国
13	バンクオブアメリカ	3,017	米国
14	R・D・シェル	2,900	英国
15	中国工商銀行	2,871	中国
16	サムスン電子	2,843	韓国
17	ウェルズファーゴ	2,735	米国
18	ウォルマート	2,599	米国
19	中国建設銀行	2,503	中国
20	ネスレ	2,455	スイス
21	ユナイテッドヘルス	2,431	米国
22	インテル	2,419	米国
23	アンハイザー	2,372	ベルギー
24	シェブロン	2,337	米国
25	ホーム・デポ	2,335	米国
26	ファイザー	2,184	米国
27	マスターカード	2,166	米国
28	ベライゾン	2,092	米国
29	ボーイング	2,044	米国
30	ロシュH	2,015	スイス
31	台湾セミコン	2,013	台湾
32	ペトロチャイナ	1,984	中国
33	P&G	1,979	米国
34	シスコ・S	1,976	米国
35	トヨタ自動車	1,940	日本
36	オラクル	1,939	米国
37	コカ・コーラ	1,926	米国
38	ノバルティス	1,922	スイス
39	AT&T	1,912	米国
40	HSBC・H	1,874	英国
41	チャイナモバイル	1,787	香港
42	ルイヴィトン	1,748	仏
43	シティグループ	1,742	米国
44	中国農業銀行	1,693	中国
45	メルク	1,682	米国
46	W・ディズニー	1,662	米国
47	ペプシコ	1,642	米国
48	中国平安保険	1,638	中国
49	トタル	1,611	仏
50	ネットフリックス	1,572	米国

「週刊ダイヤモンド」編集部

が変化します。

　今あなたが「こっちの道に進んだ方がメリットがある！」と考え行った選択は、10年後20年後には、メリットがなくなっている可能性が高い、ということです。周りの独立している友人を見ても「今は仮想通貨が稼げそうだ！」「プログラミングが稼げそうだ！」と流されている人は、メリットがなくなればすぐにその場からいなくなっています。

　もちろんそんな友人は仕事も上手くいっていません。迷い続ける人はこのように「どうすべきか？　どちらにメリットがあるだろうか？」と頭で考えてしまっている人です。変化の早い時代に僕たちは、「どちらがメリットがあるだろうか？」という頭の判断とは、根本的に違う判断基準を持つ必要があります。

　その判断基準は「どうしたいか？」という心の基準です。

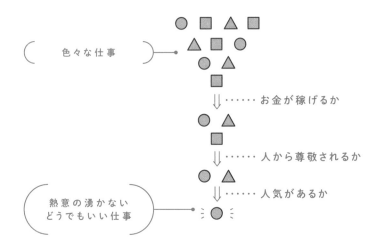

色々な仕事

⇓……お金が稼げるか

⇓……人から尊敬されるか

⇓……人気があるか

熱意の湧かない
どうでもいい仕事

　無数にある目の前の選択肢の中から「どうすべきか？」というメリット重視の判断では、選びきれない時代になりました。けれど「どうしたいか？」という心の基準であれば、選ぶのは簡単です。

　自分が興味があること、自然と惹きつけられること、価値観がマッチしていること、という自分の内側にある基準で選びましょう。

　無数にある選択肢を、自分のフィルターに通すだけでほんのいくつかに絞ることができます。

　VUCAな外の世界とは違って、あなたの内側の世界は大きくは変化しません。だから、一度決断してしまえば、迷いもなくなるので時代がどう変化しようとブレずに行動していくことができます。

　あなたが今迷っている根本的な原因は、選択基準が間違っているからです。

　「どうすべきか？」というメリットデメリットを気にしてばかり

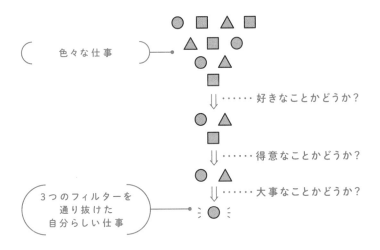

では答えは見つかりません。状況が変われば決断が変わってしまうからです。だから迷い続けてしまいます。

見つかったように感じても、間違った選択基準を使って出た答えは、熱意が湧かない自分にとってどうでもいい仕事です。

僕自身もメリット重視で考えていたときは、ずっと迷い続けていました。

Twitterを見ては有名人の言葉に惑わされ。

自己啓発書を読むたびに影響され。

いつも人の考えに揺り動かされていたので、自分の軸がないと常々感じていました。そしていつも迷っているので仕事も上手くいきません。自分の軸がない状態は、未来が分からないのでとても不安でもありました。

今そうなっている方は、考え方を根本的に変える必要があります。自分の判断基準を外側にある「他人軸」に頼るのではなく、内側にある「自分軸」に切り替えなければいけません。

変化の激しい時代だからこそ、自分の中のブレない軸を持つ必要があります。

そうすれば、この複雑な社会の中でも、流されずに芯を持って生きていくことができるようになります。その判断基準を持つためのメソッドを次の章から解説していきます。

> **・POINT**・・・・・・・・・・・・・・・
>
> **迷い続ける判断基準「どうすべきか」**
> **迷いがなくなる判断基準「どうしたいか」**

この本の構成

考え方

やりたいことが
見つからない理由を知る　　··· CHAPTER 1〜2　P.17

自己理解メソッドを学ぶ　　··· CHAPTER 3　P.45

やり方

- step 1-
大事なこと(価値観)を見つける　··· CHAPTER 4　P.85

- step 2-
得意なこと(才能)を見つける　··· CHAPTER 5　P.121

- step 3-
好きなこと(情熱)を見つける　··· CHAPTER 6　P.145

- step 4-
本当にやりたいことを見つける　··· CHAPTER 7　P.161

行動

本当にやりたいことを実現する　··· CHAPTER 8　P.179

CHAPTER

「やりたいこと探しを最速で終わらせる公式」

自己理解メソッド

「やりたいこと」が分からない理由は、
ただ単に言葉の意味を知らないから

　それでは、自分の「やりたいこと」を明確にするために、僕が提唱している「自己理解メソッド」を一緒に学んでいきましょう。

　このメソッドの具体的な内容に入る前に、まずお伝えしたいのは「『やりたいこと』が分からないのは、言葉の分類が足りていないから」という前提です。

　「やりたいこと」探しが迷宮入りしてしまうのは、しっかりと言葉を定義せずに、曖昧な言葉で考え始めようとしているからです。

・「人生の軸」は何だろう？
・「自分軸」とは何だろう？
・「自分らしさ」って何だろう？

　と曖昧な言葉を使って思考しても、決して「やりたいこと」は見つかりません。そもそも「やりたいこと」という言葉の定義もボンヤリしすぎていますよね。

僕のところに相談に来てくださる方は口を揃えて「就活塾や本を読んで自己分析をしたのですが、自分の『やりたいこと』が分からなくて……」とおっしゃいます。

　「やりたいこと」を見つけるために、自己分析の本についている質問にとにかくたくさん答えるという方法を取る方もいますが、それは非常に無駄が多いです。自己理解プログラムの参加前に、自分を知るために500問以上質問に答えた方がいました。しかし、それでも「やりたいこと」が見つかることはなかったそうです。

　そんな方に話を聞いてみると、共通しているのは「頭の中が散らかっている」ということです。

　自己分析をするために過去の体験を振り返って、「やりたいこと」を見つけるためのたくさんのヒントは手に入れている。けれど、それをどうやって組み合わせればいいかが分かっていないのです。それは、パズルのピースは持っているけれど、その組み合わせ方が分からず、1枚の大きな絵を作ることができていない状態です。本当に必要なのは、質問に答えるときに「何を見つけようとしているのか？」という目的意識を明確にすることです。

　そうしないと、いくら質問に答えても、バラバラのピースが集まるだけで**「自分の『本当にやりたいこと』はこれだ！」**という最終的な気づきに到達することはできません。

　この本では、あなたの持っているピースをどうやって1枚の絵にするのかをお伝えします。

　その絵が完成した時に、あなたはモヤモヤか解放されます。例えば、「お金を稼ぎたい」「世界から貧困をなくしたい」「YouTuberに

なりたい」「起業したい」「丁寧な暮らしがしたい」「ギターを弾いて
みたい」「人と話していたい」などは全て本書で言うところの「や
りたいこと」ではありません。「やりたいこと」と似た別の言葉です。

　「え？」と思われるかもしれませんが、この先を読み進めていけ
ばスルスルと理解してもらえます。

　まずこの本では自己理解メソッドを解説しながら、ボンヤリとし
ている「やりたいこと」という言葉の意味を明確にしておきましょう。

> ・・・POINT・・・・・・・・・・・・・・・・・・・・・・・・・・・・・・・・・・・
> **「やりたいこと」が分からないのは、**
> **言葉の分類が足りていないから**

「直感的に」ではなく
「論理的に」やりたいことを見つけ出す

　「本当にやりたいこと」を見つけるために重要なピースは３つあ
ります。そう、たった３つだけを明確にすれば、誰でも夢中になれ
る働き方が手に入ります。

　反対に、あなたが今の仕事に満足していないとしたら、３つのう
ち、どこかが欠けているからでしょう。欠けている部分が分かれば、
あとはそこを補えばいいだけです。

　３００冊以上の心理学や自己分析の本を読んできましたが、ここ

までシンプルに整理されている「やりたいこと」探しのメソッドを僕は知りません。これまでの「やりたいこと」探しの本は、3つの要素のうちどれかを取り上げているだけで、それを読むだけでは不完全なものでした。

　僕が初めてこのメソッドにたどり着いた時は「これで全てがスッキリと説明できる！」と思い、興奮して、ホワイトボードに書き殴りながら、友人に熱く説明したことを覚えています。

　自己理解メソッドを伝えたクライアントからは「半年間も悩んでいたのに、この図を使ったら1日で自分の道が拓（ひら）けた」と感想をもらっています。

　CHAPTER 1でよくある間違いとして、「やりたいこと」を見つけるとなると「どこかにある天職に偶然出会うこと」を想像される方が多いと書きました。運命の出会いで「これが一生を捧げられる『本当にやりたいこと』だ！」と確信して、脇目も振らずに行動していける人のエピソードが、色んな自己啓発本で語られているからでしょうが、そんな人は全人口の1％ほどしかいないのではないかと僕は思っています。

　僕と同じ残りの99％の普通の人は、パズルを組み立てていくように、1つ1つ自分の気持ちと向き合って「本当にやりたいこと」を見つけていくしかありません。

　センスのある人は感覚的に服を選べば、お洒落（しゃれ）になります。けれどセンスのない人が自分の直感で服を選べば、ダサい服装が出来上がります。センスのない人は、どうすればお洒落になれるかの理屈を学んで、1つずつアイテムを揃えていかなければお洒落になれま

せん。

　僕自身、「やりたいこと」を見つけるセンスはありません。だからこそ、<mark>自分の頭で考えて、誰にでも応用可能なメソッドを作ることができました。</mark>最初から迷わず「やりたいこと」をやっている人には、これはできないことです。

　だからこそ自己理解メソッドでは「好きなことを見つけるには心の声を聞け！」などの、曖昧な表現はしません。明確な基準を用意して解説しています。

　それでは自己理解メソッドの3本柱を解説しましょう。

```
·· P O I N T ···········································
   間違い：直感に任せて探す
  （真実）：論理立てて探す
·····················································
```

「やりたいこと」探しを終わらせる、
自己理解メソッドの3本柱とは？

　いよいよ自己理解メソッドの3本柱について説明します。3本柱とは、

1.　好きなこと
2.　得意なこと
3.　大事なこと

の３つです。この３つの要素を組み合わせて２つの公式が生まれます。

公式① 好きなこと×得意なこと＝やりたいこと

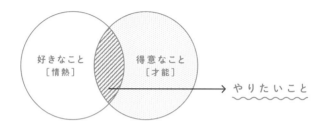

公式② 好きなこと×得意なこと×大事なこと
＝本当にやりたいこと

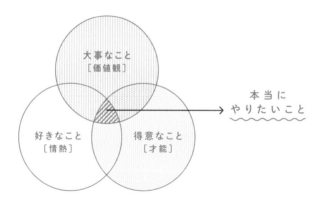

　公式①の**「好き×得意」**で、「やりたいこと」自体は見つけられますが、実はそこに**「大事なこと」**が欠けていては不完全な「やりたいこと」になってしまうのです。

　「好き×得意＝やりたいこと」に「大事なこと」を掛け合わせると、「好き×得意×大事＝本当にやりたいこと」になります。ここから

詳しく説明していきますね。

<blockquote>
POINT

「やりたいこと」探しには
2つの公式がある
</blockquote>

公式①

「好きなこと×得意なこと＝やりたいこと」の意味とは?

　まず最初に「やりたいこと」からです。多くの人は「好きなこと＝やりたいこと」と考えていますが、それではまだ分解が足りません。「やりたいこと」とは『好きなこと』を『得意なやり方でやる』こと」です。では、「やりたいこと」の定義を理解してもらうために「好きなこと」と「得意なこと」も定義しておきます。

・ずっと成長し続けていけるのが
　「好きなこと」(情熱)

好きなこと
［情 熱］

「好きなこと」とは「自分の情熱がある分野」のことです。
　例えば、心理学、環境問題、ファッション、医療、ロボット、デザインなど。就職・転職を考えている方にとっては「業界」と説明

した方が分かりやすいかもしれません。

　「好きなこと（＝情熱）」の特徴をまとめておくと、

・興味があってもっと知りたいと感じる
・関わるだけで面白いので「これが本当に仕事でいいの？」と感じる
・「なんで？」「どうすれば？」のような問いが湧いてくる
　（例：なんでロボットは動くの？）

などがあります。自分が興味を感じてこれに関わっていたい情熱
をそそられる「分野」のことを好きなことと呼びます。

・実は100%全員が持っているのに
**　気づいていない「得意なこと」(才能)**

得意なこと
［才能］

　続いて、「得意なこと」とは「自然と人よりも上手くできて、やって
いて苦なく心地よいこと」のことです。

　自然とできてしまうことなので「才能」とも言います（特性や性格
と呼ばれることもありますね）。

　例えば、相手の立場に立って考えること、人と競うこと、勉強する
こと、情報を集めること、深く考えること、分析することなどになり
ます。得意なこと(才能)の特徴をまとめておくと、

・やっていて心地いい

・頑張らなくても無意識にやっている

・ストレスがないので夢中になりやすい

・やっていると自分でいられる感覚がある

・仕事でなくても普段から自然とやっている

・他の人に対して「なんでこんなことができないの?」と思う

　などがあります。もちろん、「好きなこと」と同じく「得意なこと」もやっていて楽しいものです。他の自己分析では、この「得意なこと」も含めて「好きなこと」と説明される場合もあります。

　しかし、僕は分けて考えた方がずっと分かりやすくなり、整理しやすいと考えているので、「自己理解メソッド」では「得意なこと」と呼んで区別しています。

・勘違いすると人生の可能性が狭まる
「得意なこと」と「スキル・知識」の違い

この2つは
全く別物

得意なこと
(才能)

スキル
知識

　「得意なこと」とよく混同されるのが「スキル・知識」です。この2つは似ているようで全く違います。

　「得意なこと」は「リスクを考えられる」「人の気持ちを大事にできる」「1つのことを突き詰められる」などです。一方で「スキル・

知識」とは、「英語が話せる」「プログラミングができる」「ウェブマーケティングの知識がある」などになります。

　この2つは一般的には同じように「得意なこと」と呼ばれていますが、2つの点で全くの別物です。まず「得意なこと」は生まれつき持っているもので、「スキル・知識」は後で身につけられるものという違いがあります。

　また、「得意なこと」は一度学んで使えるようになれば、どんな仕事にでも使えるもので、「スキル・知識」は特定の仕事でのみ活用可能なものです（プログラミングのスキルがあっても、使わない仕事をすると活用できないため）。

　表にまとめるとこのようになります。

CHAPTER 3

得意なこと［才能］	スキル・知識
自然に上手くできて、やっていて苦なく心地よいこと	上手いスキル・詳しい知識など
リスクを考えられる・人の気持ちを大事にする・1つのことを突き詰めるなど	英語・プログラミング・ウェブの知識・マーケティングの知識・料理の知識など
後で身につけられない	後で身につけられる
どんな仕事でも使える	特定の仕事でしか使えない

　より重要なのは、「得意なこと」の方です。なぜなら、どんな仕事でも使うことができるし、一度使い方をマスターしてしまえば、時代がどう変化しようと武器として活用することができるからです。

逆に「スキル・知識」は、もちろん必要なものですが、時代の変化とともに陳腐化してしまいます。

また、一度身につけたスキルや知識に依存して、人生の自由度を下げてしまう人もいます。

例えば転職をしようとする時に「今持っている保健師の資格を活かせる職場はどこだろう？」と考えてしまう人がいました。

けれど、そうして持っている「スキル・知識ベース」で考えてしまうと、選択肢が狭まってしまい、いつまで経ってもやりたいことにはたどり着けません。

このように自分の人生を充実させるための手段にすぎない「スキル・知識」だったはずが、いつの間にかそれを使うことが目的になってしまうことは多々あります。頑張って身につけた「スキル・知識」が自分の人生を不自由にしてしまうのです。こうなってしまうと本末転倒です。

スキルや知識は、自分のやりたいことを実現するために活用する手段です。スキルを活用することが目的になってしまうと、人生はつまらなくなってしまうのは当然です。だからこそ、いつの時代でもどんな場所でも使える「得意なこと」を理解しておく必要があります。「スキル・知識」は、「本当にやりたいこと」が見つかってから必要であれば身につければ大丈夫です。

┌ POINT ⋯⋯⋯⋯⋯⋯⋯⋯⋯⋯⋯⋯⋯⋯⋯⋯⋯⋯⋯⋯⋯⋯⋯⋯
**スキル・知識に縛られると、どんどん不自由になっていく
才能に気づくと、どんどん自由になっていく**
└⋯⋯⋯⋯⋯⋯⋯⋯⋯⋯⋯⋯⋯⋯⋯⋯⋯⋯⋯⋯⋯⋯⋯⋯⋯⋯⋯⋯

「やりたいこと」とは結局何なのか？

　「やりたいこと」とは「『好きなこと』を『得意なやり方でやる』こと」なので、図で表すとこんなイメージとなります。

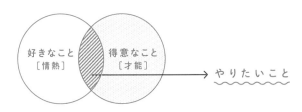

　例えば「ファッションが好き！」は本書で言う「やりたいこと」ではありませんよね。興味分野のことですので、つまり「好きなこと」に分類されるものです。「物作りをしている時は楽しい！」もまた「やりたいこと」ではなく、「得意なこと」に分けられるものですね。そして、この2つを組み合わせて「ファッション関連の物作りをしたい！」となると、ここで初めて「やりたいこと」の完成です。

　言い換えれば、「やりたいこと」は「What（何を）×How（どうする）」の組み合わせです。「What＝好きなこと」で「How＝得意なこと」です。

・What ＝ ファッション
・How ＝ 物作りをする
・What × How ＝ ファッション関連の物作りをする

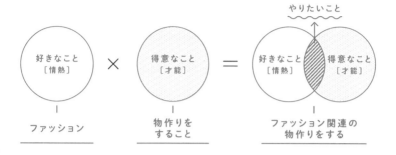

好きなこと
[情熱]
×
得意なこと
[才能]
＝
好きなこと
[情熱]
得意なこと
[才能]

やりたいこと

｜
ファッション

｜
物作りを
すること

｜
ファッション関連の
物作りをする

多くの人は「What」だけを考えた結果、仕事選びを失敗します。「食べ物が好きだから食品業界に入ろう！」だけではダメなのはそういうことです。その会社での自分の役割が「得意なこと」でないと仕事は苦痛でしかありません。

ですので、「本が好き！　だから書店で働こう！」という考え方には「ちょっと待った！」をかけます。「本（What）」が好きだからと言って、「書店での仕事内容（How）」が好きとは限りませんよね。「やりたいこと」を考える時は、具体的な仕事内容（How）も自分に合っているかを考えるのが大切なのです。

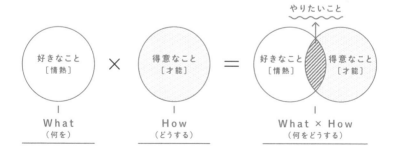

好きなこと
[情熱]
×
得意なこと
[才能]
＝
好きなこと
[情熱]
得意なこと
[才能]

やりたいこと

｜
What
（何を）

｜
How
（どうする）

｜
What × How
（何をどうする）

　僕の場合は「自己理解を体系立てて伝えること」が「やりたいこと」です。「自己理解」が「好きなこと」。自己理解については興味が溢れて止まりません。そして、「体系立てて伝える」が「得意なこと」になります。日々学んだことを整理して人に話すのは、仕事じゃなくても自然とやってしまうので無意識にできる「得意なこと」です。

・What = 自己理解
・How = 学んで人に伝える
・What × How = 自己理解を学んで人に伝える

　同じ「好きなこと」を持っていても、「得意なこと」が違えば「やりたいこと」も変わります。

　例えば同じ「自己理解」が「好きなこと」でも「人の話を聞いて引き出す」のが得意な人は、相手の話を聞いて引き出して、気づきを得てもらうのが「やりたいこと」になるでしょう。仮に本を書い

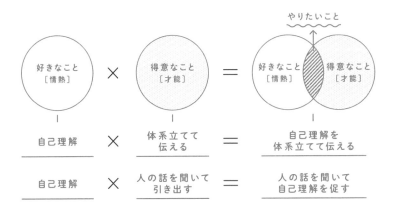

ても、僕のように体系立てて説明していくというよりは、もっと読者への共感が中心になるはずで、完成した本も全くと言っていいほど別物になると思います。

また、同じ「得意なこと」を持っていても、「好きなこと」が違えば「やりたいこと」も変わってきますよね。

同じ「体系立てて伝える」という「得意なこと」を持っていても好きなのが「スポーツ」の場合は、「スポーツについて体系立てて伝える」が「やりたいこと」になります。

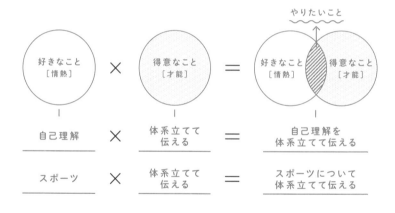

これが、本書での「やりたいこと」の定義です。

•「やりたいこと」と「なりたいもの」の違い

「やりたいこと」と似ている言葉に「なりたいもの」があります。しかしこれは全く別物です。「やりたいことは何ですか？」という

質問に対して「YouTuberになりたい」と答える人もいます。けれど「YouTuberになりたい」はその言葉通り「なりたいもの」です。自分の「やりたいこと」を職業名で考えることは2つの理由でおすすめしません。

•理由1.「なりたいもの」を考えると仕事のイメージに注目してしまう

1つは「なりたいもの」を考える際は仕事の「イメージ」に注目してしまうからです。「多くの人に注目されているYouTuberっていいな」と思って、多くの子どもがYouTuberになりたいと憧れるわけです。けれど実際にはYouTuberの仕事は「企画」「撮影」「動画編集」など地味な作業も苦にならない人が成功します。

また、憧れているイメージであった「注目される」までは、非常に長い時間がかかります。ですので、仕事内容に興味がないのにイメージで飛びついた場合は、すぐに挫折してしまうでしょう。

反対に、「やりたいこと」を考える時は「仕事の内容」に注目しますよね。「企画」「撮影」「動画編集」などの作業が好きなら、YouTuberという職業はとても楽しいものでしょう。

ちなみに子どもに対して「なりたいものは何？」と聞く親がいますが、その質問はおすすめしません。その質問をすると、子どもは職業イメージのいい仕事を答えてしまいます。

子どもに聞くべき正しい質問は「今何やっているのが楽しい？」です。この質問をすれば、子どもがどんなことに興味を持っているのかを知ることができて、子どもが本当に楽しめる仕事に繋がりやすくなります。

また、子どもが社会に出る頃には、「いまは存在していない職業」が新しく生まれています。反対に、今ある職業がなくなっている場合もあります。

これはあなたの職業選択でも全く同じです。今あなたがなりたいと思っている職業は、10年後にはなくなっている可能性があるのです。

・理由2.「なりたいもの」を考えると実現手段が限定されてしまう

もう1つの理由は「なりたいもの」を考えると手段が限定されてしまうからです。

例えば「お笑い芸人になりたい！」というなりたいものを考えた場合、「じゃあテレビで活躍する必要があるな」と考えてしまい、既存のお笑い芸人のルートしか見えなくなります。もしテレビで活躍できそうにないと感じた場合には、そのなりたいものを諦めてしまうでしょう。これが自分のやりたいことを考えられている人なら「人を笑わせる仕事をしたい！」になるでしょう。これなら別にテレビに出なくても、「YouTubeを使う」というアイディアも思いつきます。もしくは「笑える漫画を描く」という手段も思いつくかもしれません。「お笑い芸人になりたい」というなりたいものを考えた時には、思いつかないルートが見えてきます。

そして、1つのルートが閉ざされてしまっても、他のルートで諦めずに挑戦することができるようになります。

例えば、僕のクライアントに「どうしても役者になりたい」と言うTさんという方がいました。

「役者になるために５年間アルバイトをしながら舞台に出ているのですが、全く稼げるようになりません。『やりたいこと』を諦めた方がいいのでしょうか？」と相談されたのです。

　そこから、以下のやりとりをしました。

八木　「Tさんの『やりたいこと』は何なんですか？」

Tさん「役者です」

八木　**「それは『なりたいもの』ですよね。役者になることで、何をやりたいんですか？」**

Tさん**「うーん……。上手く言葉にできませんが、舞台に立って演じるのが好きで、それを見てお客さんが感動してくれるようなことをやりたいです」**

八木　**「なるほど、じゃあ別に役者じゃなくても、演じることでお客さんが感動してくれればいいんですかね？」**

Tさん**「……確かにそうですね。ずっと役者で成功しなきゃと思っていましたが、役者でなくてもいいのかもしれません」**

八木　「じゃあ『役者』は５年やってダメなら諦めてもいいけれど、『演じてお客さんを感動させること』は諦めないでください。一緒に別の実現方法を探していきましょう」

　「なりたいもの」を考えた場合、「役者になって舞台で収入を得る必要がある」と考えてしまい、既存のルートしか見えなくなります。もし役者として上手くいかない場合には、諦めてしまうでしょう。

　これが自分の「やりたいこと」を考えられている人なら「演じて

お客さんを感動させたい！」になるでしょう。これなら別に舞台に出なくても、「YouTubeで演じる」というアイディアも思いつきます。もしくは「エンタメ系レストランのスタッフになる」という手段も思いつくかもしれません。このような「役者になりたい」というなりたいものを考えた時には、思いつかないルートが見えてきます。

そして1つのルートが閉ざされてしまっても、他のルートで諦めずに挑戦することができるようになります。

なりたいもの（職業）は諦めても構いません。むしろ可能性のない場所で頑張り続けても時間とエネルギーを消耗するだけです。

けれど「やりたいこと」は諦めないでください。それを実現するルートは必ずどこかにあるからです。

> ┌ **POINT** ┄┄┄┄┄┄┄
> **なりたいもの（職業名）で**
> **「やりたいこと」を考えてはいけない**
> └┄┄┄┄┄┄┄┄┄┄┄┄┄┄┄┄┄

公式②

「好きなこと×得意なこと×大事なこと ＝本当にやりたいこと」の意味とは？

さて、**「公式① 好きなこと×得意なこと=やりたいこと」**を正しく理解していただけたでしょうか？

本書で伝えたいことは、ここからさらに１段上の「本当にやりた
いこと」です。

「公式② 好きなこと×得意なこと×大事なこと＝本当にやりたいこと」

　これまでご説明してきました「やりたいこと」を仕事にするだけ
でも、ある程度は夢中になれるでしょう。けれど、まだ不完全です。
椅子は２本の足では立ちません。３本の足があって、初めてしっか
りと立ちます。同じように、働き方も３本の柱が揃って初めて「本
当にやりたいこと」と言えるのです。

・働き方を決める上で最も重要な 「大事なこと」(価値観)

大事なこと
［価値観］

　僕の提唱する「自己理解メソッド」の最後の要素は、「大事なこと」
です。「価値観」という呼び名の方が聞き慣れている方が多いかも
しれません。

　「公式① 好きなこと×得意なこと＝やりたいこと」で説明した「や
りたいこと」は行動を表しています。一方「大事なこと」は、状態
を表しています。

　例えば「自由に生きたい」「人に優しく生きたい」「安心して生き
たい」「穏やかに生きたい」「熱中して生きたい」などが「大事なこと」
の一例です。

　どれも行動ではなく状態だということが分かってもらえるでしょ

う。英語で言うとDoingと、Beingになります。

「好きなこと×得意なこと」という行動だけではなく、状態も合わさって、初めて「本当にやりたいこと」になるのです。

やりたいこと	価値観
自己理解を学んで 人に伝えたい ファッションの物作りをしたい ダンスで子どもたちを 繋ぎたいなど	自由に生きたい 好きなことをして生きたい 人に優しく生きたい 穏やかに生きたい 熱中して生きたいなど
何をやりたいか	どう生きたいか
Doing	Being

どれだけ「やりたいこと」をやっていても、残業だらけで自分の時間が取れていなくて、しんどさを感じているなら、その働き方は自分に合っていないことになります。それは、「大事なこと」が満たされていないからです。

本当は時間の自由を得て家族との関係を大事にしながら働きたいと感じているのに、その働き方をしているとしたら、その人は不幸でしょう。けれど「仕事こそが一番自分の人生で大事！」と思っている人にとっては、今の状態こそが理想の状態かもしれません。反対に仕事とプライベートをみんながきっちり分けているという環境

に、不満を感じそうですね。

　このように、「やりたいこと」をしている時にさらに「大事なこと」も満たしている状態こそが、「これが本当にやりたいことだ！」となります。

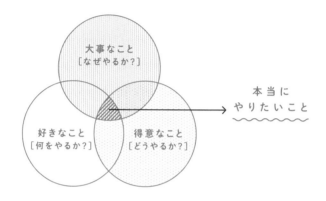

　「何のために働くのか？」 という質問に対しての答えが「大事なこと」です。

　「自由に生きたいから働く」「安心して生きたいから働く」「穏やかに生きたいから働く」「熱中して生きたいから働く」など、答えにもちろん正解はありません。自分がその目的に対して心の底から「このために働いている！」と言えれば、働く目的も何でも○Kです。

「大事なこと(価値観)」から「仕事の目的」が生まれる

　「大事なこと」は自分の内側に向く場合と「他人や社会」などの外側に向く場合があります。「大事なこと」が自分の内側に向くと、人生の目的が決まります。「大事なこと」が他人や社会など外側に向くと、仕事の目的が決まります。

　例えば、僕の場合は、こんな風になります。

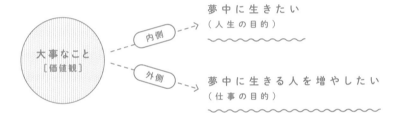

　この「仕事の目的」はとても重要です。他人へ貢献している実感が得られることは、仕事でのとても大きなモチベーションになるからです。僕も仕事で一番嬉しい瞬間は、クライアントから「『やりたいこと』が見つかりました！」と報告を受けた時です。「自己理解プログラムやっていて良かった！」という気持ちになる瞬間です。

　では、どうすれば自分が「心から『やりたいこと』の結果としてこういう価値を与えたい！」と感じる仕事の目的が見つかるのでしょうか？

それは「大事なこと（価値観）」が明確になれば、自然と見つかります。

　例えば僕は「夢中」ということを大事にしています。何かに没頭している時こそが自分にとって、最高に幸せで価値がある時間だと思うのです。そんな価値のあるものを、自分と関わってくれた人にも手に入れて欲しいなと感じています。だから僕の仕事の目的は「夢中に生きられる人を増やす」と定めています。

　自分がとても価値を感じていることだから、全力で他の人にもやっている仕事を広めていくことができています。

　そして、僕の掲げている「夢中」という価値観に共感してくれた方が、続々と僕の提供する自己理解プログラムを受講してくれるようになっています。

　持っている「大事なこと（価値観）」が内側に向くと、自分の生き方が決まります。その「大事なこと（価値観）」が他人や社会など外側に向くと、仕事の目的が決まります。

　そのような仕事を作り出すためには、まずは「価値観」を明確にしましょう。

POINT

やりたいこと＝何をするか？
大事なこと（価値観）**＝何のために生きるかという人生の目的**
仕事の目的＝周囲の人、社会をどんな状態にしたいか？

「本当にやりたいこと」の具体例

「なぜ仕事をするのか?」という問いには「大事なこと」で答えられます。**「何の仕事をするのか?」**という問いには「好きなこと」で答えられますし、**「どうやって仕事をするのか?」**という問いには「得意なこと」で答えればOKです。

この3つが合わさることでWhat・How・Whyという働き方を決める3要素が完成します。

What（何を）× How（どうする）× Why（なぜ）
＝What × How × Why（何をどうする。それはなぜ）

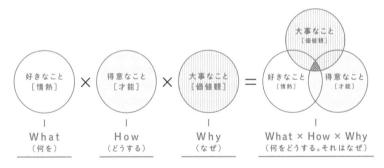

例えば、僕の仕事の場合は、
・What ＝ 自己理解
・How ＝ 体系立てて伝える
・Why ＝ 人生に夢中になりたいし、なって欲しい

となり、

・What×How×Why＝人生に夢中になって欲しいから、
　自己理解を体系立てて人に伝える
と繋がります。

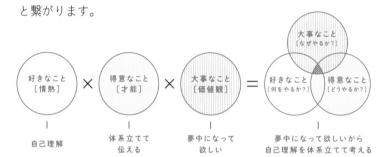

他にはこんな組み合わせ方もできますね。

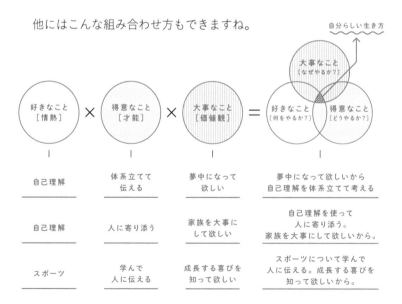

「やりたいこと」を探すというと、何から始めればいいかも分からず迷子になってしまう人が多いと思います。

けれど、どうでしょうか？　ここまで説明してきた3つの要素をそれぞれ見つけて組み合わせるだけなら、何となくできそうな気がしてきませんか？　これから1つずつステップを踏んで、見つけ方を教えていくので安心してください。

··· POINT ···

3つの要素を組み合わせれば、
「本当にやりたいこと」が見つかる

「就職・転職面接」でも無敵になれる理由

就職・転職活動で何を軸に進めていけばいいか分からないと思っていた方も、この3つの円を明確にすれば迷いはなくなります。

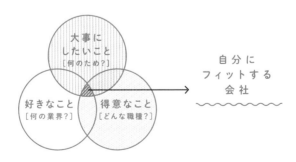

社会に無数にある企業を、この3つのフィルターでふるいにかけ
てみましょう。残る企業はごくわずかになります。そして、この3
つが明確になっていれば、面接でも無敵になれます。

・好きなこと → なぜこの業界なのか？
・得意なこと → どうやってこの仕事で成果を出すのか？
・大事なこと → なぜこの会社なのか？

　という面接で聞かれる質問に対して、明確な根拠を持って答えら
れるようになるからです。

> **POINT**
>
> **3つの視点で自分を知れば、**
> **「就職・転職活動」でも無敵になれる**

自己理解メソッドのルール①
「好きなことで生きる」は間違い

　これまで「自己理解メソッドの3本柱」を説明しました。ここか
らは、そのメソッドを実行に移していくための3つのルールを紹介
します。

　YouTubeのキャッチコピーの影響もあり「好きなことで生きたい」
と考えている方はとても多いように思います。

しかし「好きなことで生きる」という考え方は、本書では扱いません。「好きなこと」は、あくまで仕事の目的を実現するための「手段」ですから。

もちろん自己理解メソッドの1つの要素である「好きなこと」が満たせた方がいいです。興味がない仕事よりも、興味のある仕事をやった方がいいのは当然です。

けれど、その「好きなこと」を仕事にするのが目的になってしまうといけません。

この「『好きなこと』で生きる」には重大な問題点があります。それは「好きなこと」を仕事にしたいと考えている人は、その先の「仕事の目的」を見失ってしまって、失敗することが多いということです。

この問題点について「飲食店」を例にして考えてみましょう。まず1つ目のパターンです。飲食店に入った時に「なんだか居心地が悪いな」と思うことはないでしょうか?

それは、その店が仕事の目的を見失って、ブレてしまっているからです。例えば、

・訪れた人に"健康"になって欲しいのか
・出会いで新しい"可能性"が広がる場にしたいのか
・実家に帰った時のような"安心感"を感じて欲しいのか

こんなものが飲食店の「仕事の目的」として考えられますよね。この「仕事の目的」を実現しようと考えた時に、「料理」というの

は手段でしかないということです。自分の自己満足で「とにかく好きな料理を作る」では絶対に上手く行きません。お客さんが求めてそのお店にやってくるのは、「料理を食べる」ことだけではなく「健康になる」や「安心する」「ゆっくり過ごしたい」などその先にある価値を求めてだからです。

その価値観が明確になっていないと「誰でもウェルカム」なお店になってしまいます。タバコを吸っているビジネスパーソンと子連れの夫婦が一緒にいるようなお店になってしまうのです。

それはお互いにとって居心地が悪いため、結局は誰も来ない店になってしまいます。

たくさんの飲食店があって、選べるようになった今、「誰でもウェルカム」な飲食店では誰も集まってきません。

「『好きなこと』を仕事にする」でも、自己満足の仕事はできます。けれどお客さんに価値を与える仕事をするのは難しいです。

お金は、お客さんに与えた価値の分もらえるものなので、多くの収入を得ることもできません。

2つ目は「好きなこと」を続けていくことが時代の変化によって難しくなるパターンです。

現在、コロナウィルスによって飲食店の営業は非常に厳しくなっています。

そんな時、飲食店はどうすればいいのでしょうか？

自分が今やっている飲食店に固執するのではなく、**「そもそも何のために飲食店をやっていたんだっけ？」**という仕事の目的に立ち

返ることが必要です。

「安心」を届けたいと考えているなら、そのために自分ができることは何かを考えなければいけません。

「可能性」を届けたいと考えているなら、そのために自分ができることは何かを考えなければいけません。

もしかすると、それは「飲食店」とは別のことかもしれません。これは「自分の好きなことは飲食店だ！」としか考えていない人には、難しいことです。

次に何をすればいいか分からなくなって、途方に暮れてしまうでしょう。

僕自身も、自己理解が好きですが、一生続けようとは考えていません。おそらく自己理解が不要になるタイミングがどこかでくるからです。

そうなったときには「人を夢中にするにはどうすればいいか？」と改めて考えて、次の好きなことを探して仕事にしていきます。

あくまで「好きなこと」は、手段でしかなく、固執してはいけないものだということを分かっておきましょう。

ですので、まずは「大事なこと」から生まれる「仕事の目的」から見つけていくのが自己理解メソッドのルールです。

> **⋯⋯ P O I N T** ⋯⋯⋯⋯⋯⋯⋯⋯⋯⋯⋯⋯⋯
>
> ### ルール①
> # 「好きなこと」は手段。
> # 「大事なこと」をまず見つける

自己理解メソッドのルール②

「好きなこと」の前に「得意なこと」から見つける

「『やりたいこと』を見つけるときは、お金の制約や『できるかど うか』を一旦抜きにして考えましょう。何でもできるとしたら何が やりたいですか？」

「やりたいこと」探しについて書かれた本でよく見かけるこのフ レーズは、「確かに今まで『やりたいこと』が見つからなかったのは、 できるかどうかを考えていたからだ」と思わせる力を持っています。 僕も自分の「やりたいこと」が分からず悩んでいた時、この言葉に 出会いました。そして「何でもできるとしたら何をするだろう？」 と考え始めました。

けれど、一向に思い浮かびません。頭の中から何か言葉が出てき そうな感じはするのですが**「でもお金はないしな……」「だって今 さら目指してもな……」**という思考のブレーキがかかってしまって、 やりたいことが見つかる気配はありませんでした。

一切の制約を抜きにして考えることができれば、確かにやりたい ことは見つかるのでしょう。けれど現実には様々な制約があります。 その制約を外して思考できるなら、そもそも「やりたいこと」が分 からなくて悩むということはありません。

では、そんな思考の制約を外すことができない僕たちはどうすれ ばいいのでしょうか？

「本当にやりたいこと」を見つけるとき、まずは「大事なこと」

を見つけましょうとルール①で説明しました。次は、「仕事にでき
ない」という思考のブレーキを外すために「得意なこと」を見つけ
ましょう。

これが自己理解をこれまで多くの方に伝えてきた中での僕がたど
り着いた結論です。ポイントは「好きなこと」を見つける前に「得
意なこと」が必ず先です。

多くの人が「やりたいことが分からない」と悩むのは、この順番
が間違っているからです。

「やりたいこと」が見つからない最も大きな理由は**「見つかって
も仕事にできそうにない」**という思考のブレーキがあることだと、
先ほど説明しました。

逆に言えば、何でも仕事にして生活していけるという自信がある
なら、「やりたいこと」は非常に見つけやすくなります。

その自信を手に入れるために「得意なこと」を明確にしておくこ
とが重要なのです。

「得意なこと」は、「自分の得意な仕事のやり方」であり「どんな
状況でも使える長所」ともいえるものです。

つまり、「得意なこと」に確信が持てているなら、自分なりのや
り方でどんな好きなことでも仕事にして生活していくことができる
のです。

その確信が持てれば、思考のブレーキが外れ、「やりたいこと」
は自然と見つかります。ですから「得意なこと」から先に明確にし
ておく必要があるのです。

実際に僕も、「本当にやりたいこと」にたどり着く前は「考えて

いることを人に伝える」という「得意なこと」を徹底的に磨いていました。

「これが『やりたいこと』という確信はないけれど、得意で成果は出せる」というものが僕にとってはブログで文章を書くことだったのです。

文章を書くことは元から得意だったので、あまり頑張らなくても成果が出ました。

成果が出てくると「これならどんなことでも仕事にできるんじゃないかな？」という自信が湧いてきたのです。

その自信があったから、好きなことを見つけ、「やりたいこと」を仕事にできるようになったのです。

だからあなたには、

1. 大事なこと
2. 得意なこと
3. 好きなこと

という順番で「本当にやりたいこと」を見つけてもらいます。

CHAPTER
3

> **POINT**
>
> ルール②
> # 「好きなこと」の前に
> # 「得意なこと」を見つける

自己理解メソッドのルール③
「細かい実現手段」は考えてはいけない

　自己理解でやってはいけないのが、真っ先に「実現手段」をごちゃごちゃと考えてしまうことです。

　「ブログ書こうかな」「YouTubeやろうかな」「プログラミング学ぼうかな」「どの会社に転職しようかな」「独立しようかな」「起業しようかな」「英語勉強しようかな」 など、そんなことはどうでもいいのです。それらは全て「本当にやりたいこと」が見つかったあとに、考えればいいことだからです。

　旅行先の目的地が決まっていないのに、飛行機で行こうか、電車で行こうか、と考えているのと全く同じです。

　まずは「本当にやりたいこと」という目的地を決めましょう。実現手段を考えるのはそれからです。

　「どの会社に就職するか」も、自分の「本当にやりたいこと」を実現するための手段です。

　一時的に「この会社がピッタリだ！」と感じられるような会社に出会えたとします。しかし、会社は時代の変化に合わせて、中にいる人も、業績も、事業内容も、変わっていくものです。

　手段にすぎない「会社」を働き方の中心においてしまうと、そんな変化が起きた時に「あれ、自分は何のために働いているんだっけ？」と迷いが生まれてしまいます。

　しかし、自分の人生の目的から働き方を考えているのであれば、

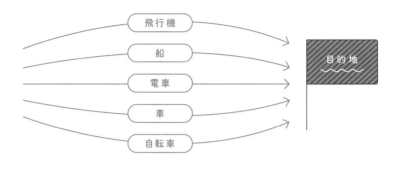

その会社が手段として適切じゃなくなった場合は迷いなく転職や独立をすることができます。

改めて強調しておきますが、会社はあなたの人生の目的に近づくための手段でしかありません。その会社では自分の理想を叶えられないと思ったら、手段として変えるべきです。

旅行の目的地が決まれば、最適な移動手段は勝手に決まります。同じように「本当にやりたいこと」が明確になれば、「実現の手段」は自動的に決まるので、最初から考える必要はありません。そして実現の手段は、変えていってもいいのです。

まずは「公式②本当にやりたいこと」を明らかにしましょう。

· POINT ·········

ルール③

ブログ・YouTube・起業・転職など
細かい実現手段は後から考える

あなたが「やりたいこと」探しを終わらせるための順番をまとめます。

まずは、自分自身の「大事なこと（価値観）」を見つけて、そこから「何のために働くのか？」という仕事の目的を決めてください。

僕の場合は「夢中に生きられる人を増やすこと」が目的です。

やりたいことはこの「仕事の目的」を実現するための手段です。次にやりたいことを見つけます。その際は「得意なこと」から見つけてください。これは「自分の得意なことを使えば、なんでも仕事に出来る」という自信を持ってもらうためです。そして最後に「好

			八木仁平	あなた
CHAPTER 4	仕事の目的		夢中な人を増やす	
CHAPTER 5	やりたいこと	得意なこと	体系立てて伝える	
CHAPTER 6		好きなこと	自己理解	
CHAPTER 7		得意×好き	自己理解を体系立てて伝える	
CHAPTER 8	手段		プログラム、本、ブログ	

きなこと」を見つけてください。

　僕の場合は「得意なこと」が「体系立てて伝えること」で、「好きなこと」が「自己理解」です。掛け合わせて「自己理解を体系立てて伝えること」が「やりたいこと」です。

　「夢中に生きられる人を増やすために自己理解を体系立てて伝えること」が「本当にやりたいこと」です。

　最後に、本当にやりたいことが決まったら、それを実現するための「手段」を決めます。僕の場合は「プログラムを運営する」「本を書く」「YouTubeで動画配信をする」「ブログを書く」などの手段を活用しています。

　まとめると、「夢中に生きられる人を増やすために自己理解を体系立てて伝えています。そのための手段として自己理解プログラムを運営しています。」となります。

　あなたも本書を読み終わった後には、このように一本の線が通った状態になります。そして人生から迷いが消えます。

　さて、次のページからさっそく「大事なこと（価値観）」から見つけていきましょう！

CHAPTER

人生を導くコンパス「大事なこと」を見つける

モチベーションが絶対に下がらない仕事の作り方

　どうすればモチベーションが途切れずに、自分の仕事に夢中になり続けることができるでしょうか?

　僕の仕事の師匠から聞いた話をします。仕事と同じ意味の「商い」という言葉があります。「商い」の本質は「飽きない」ことだと聞きました。いくら人から感謝されてお金が稼げても、自分の興味のないことには「飽きる」。自分のやりたいことだけやっていて時代に合わせていかないと、お客さんも「飽きる」。自分とお客さんの両方が「飽きない」のが良い「商い」だと教わりました。

　まずは、自分が「飽きない」ことが絶対条件です。自分が飽きないやりたいことで、どうやって人を楽しませることができるか考えるのが、本当の仕事というものなのでしょう。

　僕のところに相談に来てくださる人の中で、看護師さんがいらっしゃいました。

　「患者さんから感謝されるのはとても嬉しいのだけれど、自分がもうこの仕事がしんどくて続けられない」という話を聞かせてもらいました。どれだけ人から求められている仕事でも、自分が辛ければ続けることはできません。

　「やりたいこと」なら、自分が楽しみながら人を喜ばせられる。他人に貢献したい人ほど、自分の「やりたいこと」を見つける必要があるのです。

　反対に自分が「飽きない」仕事でも、お客さんに求められていな

ければ続けられません。それは仕事ではなく「趣味」になってしまうからです。趣味は基本的にはお金がかかります。だから、収入を得るための仕事を他にしなければいけません。

「『やりたいこと』を続ければ仕事になる！」という人もいますが、それは間違いです。誰にどう届けるかをしっかり考えた上でないと、どれだけやりたいことを続けたとしても、永遠に自己満足のままです。自分と他人、どちらも「飽きない」のが、いい仕事の条件ということです。

ではどうすれば、そんな仕事を作ることができるのか？

その時に一番重要なのが「大事なこと（価値観）」です。「自分がこう生きたい！」という自分の人生の目的と、「人にこんな影響を与えたい！」という仕事の目的、これが１本の線で繋がっている時に仕事に夢中になることができます。その中心になるのが「大事なこと（価値観）」です。

僕の場合は「自分自身が夢中に生きたいと強く願い、夢中に生きられる人も増やしたい」と思っています。これが僕の「大事なこと（価値観）」です。

そんな素晴らしい「夢中」という状態を、もっとたくさんの人に届けたいと考えて、多くの人が夢中になれることを見つけるサポートを仕事にしています。

つまり、「大事なこと（価値観）」を中心に仕事を作ると「自分が満たされて飽きない仕事ができ」さらに「お客さんも満たされて飽きない仕事ができる」ということです。

> **POINT**
>
> ### 価値観を中心に仕事を作ると、
> ### モチベーションが途切れない

理解しておくべき「目標」と「価値観」の違い

「大事なこと（価値観）」と勘違いしやすいのが「目標」です。

簡単に違いを説明すると、「大事なこと（価値観）」は「ずっと進み続ける人生の方向」で、目標は「その道の途中にあるチェックポイント」です。どれくらい進んだかを確認するために目標が必要です。

価値観は自分が向かう「方向」を指し示すものです。目標は自分が進む「距離」を決めるものです。

・価値観＝方向
・目標＝距離

自分がどこに向かっているか分からずに、走り続けるのはハムスターが滑車を回すのと同じようなものです。

「目標を達成した時に燃え尽きてしまう」という悩みを持っているクライアントがいました。燃え尽きてしまうのは、価値観を意識

せずに目標を立ててしまっているからです。そんな目標は達成して
も幸せになれませんし、達成した後に次の目標を見失ってしまいま
す。

　僕も「毎月100万円稼ぐぞ！」という目標を立てて、頑張って
いた時期がありました。

　無事その目標は達成できましたが、その後、燃え尽きて全くモチ
ベーションが湧かなくなり、鬱状態になってしまったことは前述し
ました。周りの経営者の方に相談したところ、「八木くんは目標が
低いんだよ。毎月1,000万円稼ぐくらいのデカい目標を立てなよ」
と言われました。

　真に受けて**「次は月1,000万円稼ぐ！」**という目標を立ててみ
たのですが、全くモチベーションが湧きません。

　それは当然です。僕が欲しいのは「お金」ではなく、お金の先に
ある別のものだったからです。

　そこから僕は、目標設定の方法をガラリと変えました。まず価値

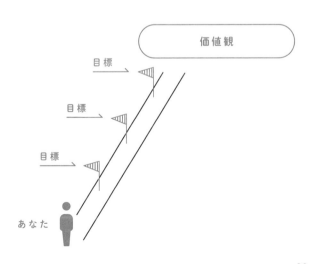

観を決めて、その価値観を満たすために必要な目標を立てています。例えば、僕は「自分自身が夢中に生き、夢中に生きられる人も増やしたい」という価値観を持っています。

　ですので、僕に必要なお金は、自己理解をさらに学びながら生活できるくらいです。計算すると、月に50万円もお金があれば、好きなだけ勉強して、ずっと夢中でいることができます。それ以上のお金は目標にはしていませんし、目標にしてもモチベーションが湧きません。

　今はどれだけ多くの人に自己理解プログラムを受けて、結果を出してもらえるかを目標に定めています。

　プログラムを受講してくださる方が増えると収入はもちろん連動して増えていきますが、あくまでそれは「どれだけ人に影響を与えられたか確認するための数字」です。

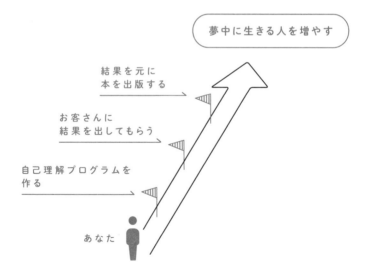

あなたは今立てている目標に対してモチベーションが湧いていますか？

もし、モチベーションがあまり湧かないなら、それは価値観からズレてしまっているからです。自分の進みたい方向とズレた場所に、目標の旗を立てていないでしょうか？

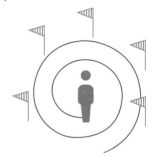

価値観の分からない人は
目先の目標を立てて、迷い続ける

価値観

自分にとって本当にメリットを感じられることなら、モチベーションに悩むことなんてあり得ません。

今あなたがモチベーションに悩んで、どうすればモチベーションが上がるかと考えているなら、その時点で今進んでいる道は間違っています。

目先のモチベーションを上げる方法を学ぶのではなく、人生の目的を明確にしてモチベーションを上げる方法なんて考えなくてもいい目標を立ててください。

······ P O I N T ·······················
価値観は進み続ける人生の方向
目標はその途中にあるチェックポイント

「本物の価値観」と「偽物の価値観」の見分け方

価値観を見つける際に、1つ注意を伝えておきます。価値観には正解がありません。

人に話した時に全く共感されないとしても、自分が「こう生きたい！」と思えるものであれば、それは立派な価値観です。

「こう生きるべき」という偽物の価値観を、自分の価値観と勘違いしないようにしましょう。

これは、親や社会という自分の外側の世界から知らないうちにすり込まれている、自分以外の誰かの価値観です。自分の価値観に気づかずに生きていると、いつの間にか周りの人の期待に流された人生を送ってしまいます。

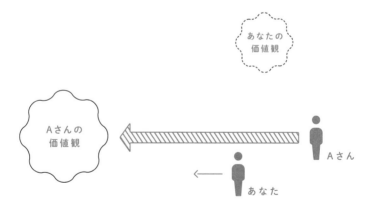

僕のクライアントで、この罠にハマっている人がいました。その方は親から「もっと成長しないとダメだよ」と言われ続けて育って

きたそうです。「成長」という価値観を教えられてきたのです。その影響で、これまで「自分が成長できる仕事は何だろう？」と考えて仕事を探して、しんどくても、成長するために歯を食いしばってきたそうです。

けれど本人に「成長したいんですか？」と聞いてみると、「成長しなきゃいけないと思って」という言葉が返って来ました。「成長しなければいけない」「成長すべき」というのは、自分が心から感じていることではなく、親から教えられてきた偽物の価値観でしかなかったんですね。

では、自分がずっと目指すことができる人生の目的は何だろう？と、その後考えた結果、「発見」という価値観にたどり着きました。同じことの繰り返しではなく、毎日新しい「気付き（発見）」があることが自分にとって一番楽しい状態であることに気づいたのです。

自分の価値観が分かってきたら、偽物の価値観が混ざっていないかを確認しましょう。

1つ1つに「これは〜したい？」「これは〜べき？」と問いかけてみてください。

「〜べき」「〜しなきゃ」という言葉が出てきた場合、それは、他人からの期待であって、自分が本当に望んでいることではありません。追い求めて行っても後悔するだけです。

> ·····**POINT**·····
>
> ### 「〜したい」が本物の価値観
> ### 「〜べき」は親・社会から押しつけられた偽の価値観

本物の価値観を見つけ出す5つのステップ

　それでは、あなたが「このために自分は生きてるんだ！」と心から思える、価値観を見つけていきましょう。

　全部でステップは5つです。

1. 質問に答えて価値観キーワードをリストアップする
2. 価値観をマインドマップにまとめる
3. 他人軸な価値観を、自分軸に転換する
4. 価値観ランキングを作る
5. 仕事の目的を決める

　1つずつステップを踏んでいけば、難しくはありません。まずは一度流れを理解するために読み進めた後にワークをしていただいても結構です。この5つのステップを踏んで、あなたの心がグッとくる価値観を最大5つまで言語化してください。そうして、自分の価値観のランキングを作りましょう。この価値観のランキングが、あなたの一生の人生の指針になります。

　僕は以下の価値観を満たすために生きていると、自信をもって言えます。

1. 美意識……人間として美しい生き方をする

2. 夢中……やりたいことに夢中になる

3. 結果……自ら結果を追い求めて、他人にもいい結果を与える

4. 好奇心……興味に従って行動する

5. シンプル……迷いの少ないすっきりとした生活を送る

　「人生の目的は何ですか？」と聞かれれば、「人間として美しい生き方をすること」と即答できます。

　「仕事の目的は何ですか？」と聞かれれば、「夢中に生きられる人を増やすこと」と即答できます。

　あなたにもこの状態になって迷いをなくしてもらうことが価値観ワークの目的です。

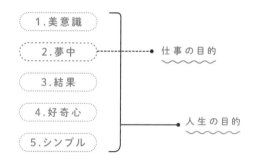

POINT

5つのステップで
価値観のランキングを作る

上手く質問に答えられない時の2つの対処法

　ここからの質問に答えようと考えても、なかなか答えが出てこない場合があると思います。

　よく「質問に答えられないのは、私が自分と向き合うのが下手だからでしょうか？」と聞かれることがあります。

　けれど、そんなことはありません。ただ自分に合った思考法を、まだ知らないだけです。

　そんな時の対処法を2つ紹介しておきましょう。僕も上手く考えられない場合は、よくこの2つの方法を使っています。

　1つは「ジャーナリング」、もう1つは「質問会話法」です。2つ紹介するので、自分に合う方法を選んで使ってください。

・するする自分の気持ちが出てくる 「ジャーナリング」

　「ジャーナリング」から説明します。まずは紙を用意してください。そして答えたい質問を紙の一番上に書いてください。タイマーを3分にセットします。その時間中、質問に対して思い浮かんできたことをそのまま書き出してください。

　ポイントは「手を止めてはいけない」というルールがあることです。何も思い浮かばなければ、そのまま「何も思い浮かばないどうしよう」と書いてください。

頭で考えて書くというよりは、手を動かすことを意識するのがポイントです。手を動かしていれば、そこに思考がついてきて、意外な答えがポッと紙の上に出てくるのです。

　普通の筆記が頭で書くものだとすると、ジャーナリングは体で書く行為です。

・頭で書く＝普通の筆記
・体で書く＝ジャーナリング

　ジャーナリングは自分の気持ちと向き合うために、とても有効なことが研究でも証明されています。

　失業者が5日間自分の気持ちについてジャーナリングをすると、通常27％で新しい仕事を見つけられるのに対して、68％という非常に高い比率で新しい仕事を見つけたという研究があります。つまり、自分の気持ちとしっかり向き合うためにジャーナリングが有効だったということです。

　自己理解の質問に答えるためにはとても有効なツールなので、質問の回答に詰まったときは、ぜひジャーナリングを活用してください。

・おしゃべりで自分を知る
「質問会話法」

　もう1つは「質問会話法」です。その名の通り、質問から会話を始めて自己理解をする方法です。

人は大きく分けて2タイプの人がいます。一方は1人でじっくり考えることで思考が深まるタイプ。もう一方は人と会話しているときに思考が深まるタイプ。この質問会話法は後者のタイプにおすすめです。

まず、自分が答えたい質問を友人や家族に読んでもらいましょう。例えば「好きな有名人、周りの人、漫画のキャラクターは誰ですか？その人の何が好き？」という風に。そこからは普段の会話形式で、そのテーマについて話してください。

会話が進むにつれて自然と自分の考えがまとまっていくことに気づくでしょう。

質問会話法には「自分の考えを客観視してもらえる」というメリットもあります。

1人で考えていると出てきた答えに対して「これって当たり前だし、みんなそうだよな」と思ってしまうことがあるでしょう。けれど自分にとって当たり前なことを見つけることが自己理解の目的です。「当たり前だよな」ではなく「自分にとっては当たり前だけど、これは他人からすると特別なのか！」というのが非常に重要な気づきになります。

質問会話法を使えば、自然とその重要な気づきを得ることができます。本書の質問を使って、友人とコメントし合いながら自己理解を深めていくことをおすすめします。自分だけでは気づけなかった新しい発見が必ずあるからです。ぜひ友人や家族を巻き込んで自己理解に取り組んでみてください。

では、価値観を知るためのワークをスタートしていきましょう。

-work STEP 1-

5つの質問に答えて「価値観キーワード」を見つけ出す

　価値観を見つけ出すのに厳選した5つの質問と、回答例を一緒に紹介します。まずは5つの質問に答えてください。

　価値観キーワードを考える際には巻末特典の「大事なこと（価値観）」の「例100リスト」も参考にしてください。

Q1　尊敬する人、尊敬する友人、好きなキャラクターは誰ですか？ その人のどんなところを尊敬していますか？

　尊敬する人について考える時にはその人の「やっていること」を見てもあまり意味はありません。なぜなら、その人の「やりたいこと」と、あなたの「やりたいこと」は別だからです。その人に憧れて「やりたいこと」まで真似ようとしてしまうと、CHAPTER 3で書いた「なりたいもの」を目指す状態になってしまい、上手くいきません。そうではなく「価値観」という視点で尊敬する人について考えてみましょう。

　考えた時に「こういう風に生きたい！」と心が躍るような感覚が得られるなら誰でも構いません。それが会社の上司であったり、友人であってももちろんOKです。

　その人を思い浮かべたら、次に「その人の何が魅力なのか？」を考えてみてください。

例えば僕は、漫画『BLUE GIANT』(石塚真一・著、小学館)の主人公である「宮本大」をとても尊敬しています。

それはなぜかというと「大きな目標を夢中になって目指している」からです。

世界一のサックスプレイヤーになるという目標を立て、毎日練習し、日々必要なことを1つ1つ積み上げていく姿にとても感動します。「なんでこんなに宮本大をかっこいいと感じるんだろう？」と考えてみました。それはやっぱり「心から湧いた夢に向かって夢中になって進んでいるから」なんですね。

そこから僕は「夢中」という価値観を再認識しました。

あなたが尊敬している人は、あなたの価値観を反映している人です。尊敬している人が複数人いるなら、それぞれのどんな部分を尊敬しているか考えてみてください。全ての人に共通する価値観が見つかれば、それはあなたにとってとても重要な価値観です。

Q2 幼い頃や思春期にあった、今の自分に一番大きな影響を与えている出来事or経験は何ですか？
それらが自分の価値観にどう影響を与えましたか？

価値観の根本は、幼い頃の経験で作られています。どんな経験が今のあなたの考え方を作っているでしょうか？

僕の場合は、小学2年生の担任の先生との出会いです。僕がそれまで抱いていた先生のイメージとは真逆で、衝撃的でした。

ロングヘアに強めのパーマをかけていて、さらに両手にはアクセ

サリーをジャラジャラつけて、黒のダメージスキニーデニムを履いています。口調もかなり強めで、怒る時はめちゃくちゃ怖いです。

けれど、とても愛情深い先生で、クラスの生徒一人ひとりに気を配って接してくれていました。その先生の何に影響を受けたかというと、常識に縛られずに自分の「美意識」に従っている点です。判断基準が自分の中にあるということです。学校のルールに縛られていたら、そのような服装はできません。

「とてもかっこいいし、この人みたいに生きたい！」と強く感じました。この経験から、「美意識」に従って生きるという価値観を学びました。

学んだと言うよりは、もともと心の中にあった種が、先生に触れることで発芽したという方が正しいかもしれません。

あなたが今でも思い出すような、子どもの頃の印象的な経験は何ですか？

自分の価値観と結びついている経験は、強烈な感情を伴っているので、記憶に残っています。今パッと思いついた経験について、そこからどんな価値観を学んだのかを考えてみてください。

Q3　今の社会には何が足りないと思いますか？

社会を見わたして、不満に感じることは何でしょうか？

不満に感じるということは、あなたの中には、ボンヤリとでももっと良い社会の理想が見えているということです。理想があるのに、全く実現されていないから不満を感じているのです。

==理想と現実の差を埋めるのがあなたの「やりたいこと」なのです。==
僕の場合は、「何でみんなこんなに嫌々働いているの？」といつも疑問を感じます。

「もっと自分の『本当にやりたいこと』に目を向けて、それを仕事にすることなんて簡単にできるのに……」と日々不満を感じています。

つまり、僕が社会に足りないと感じるのは「夢中」です。もっと自分の人生に夢中になる人が増えたらいいのにと強く感じます。だからそれを仕事にしています。あなたが不満を感じていることと、他の人が不満を感じていることは驚くほど違います。

例えば僕のクライアントからはこんな回答が出てきました。

・柔軟性

・思いやり

・時間の余裕

・健康に対する意識

・自分と向き合う時間

ここで分かるのが、あなたの価値観であり、仕事の目的にもなります。あなたが社会に足りないと感じるものは何でしょうか？

Q4 「自分って人生で何を大事にしてそうかな？」と
　　周りの人に聞いてみてください。
　　そう思った具体的なエピソードも聞けるといいです。

実は価値観とは、既に生活の中で発揮されています。なので、自分が気づいていなくても周りの人は気づいていたりするものです。自分の顔を見る際は鏡を使いますよね。それと同じように自分の価値観を見る際には、周りの人に鏡になってもらいましょう。ぜひ、自分の身近な人に自分の価値観を聞いてみてください。ビックリする発見がありますよ。僕自身も妻と仕事仲間に聞いてみました。

－妻からの回答「シンプル」－

「働く仕組みも、考え方も、生き方も全部シンプルさを大事にしてる。なぜシンプルを大切にしてるかと言うと、人生の有限性を理解していて、その中で余計なことをしたくないから、徹底的にシンプルに生きようとしてるよね。人付き合いも本当に必要な人としか付き合わないし、物を買う際は、買った後にも面倒くさい複雑なものは買わないよね」

－仕事仲間井上さんからの回答「追究」－

「1つのことを徹底的に追究することを大事にしていると感じます。自己理解はもちろん人生そのものを追究してるかなと。だからこそ夢中になることを選ぶし、本質や真理に迫って、結果を出せるのかなと」

　このように聞いてみると、共通点が見えてきました。僕は「シンプル」にすることで、自分の本当にやりたいことを「夢中になって追究」するという価値観を持っているようです。こうして、改めて

自分の持っている価値観に確信を持つことができました。

　ぜひあなたも、周りの親しい人に聞いてみてください。教えても
らったら、自分が感じる相手の価値観もお返しに書いて送るのがお
すすめです。自己理解を一緒に進めていく良いパートナーになって
くれるかもしれません。

Q5　自分の子どもを育てたり、他人に助言するときに、
　　一番伝えたいのはどんな行動で、
　　一番伝えたくないのはどんな行動ですか？

　仕事の目的となる価値観を考えるときには、この質問がおすすめ
です。あなたが子どもや他人に伝えたいと思っていることは、自分
が周りの人に与えたい影響という意味で「仕事の目的」に繋がりま
す。

　伝えたいことを箇条書きでバーッと書き出してみましょう。そし
て、その言葉で伝えたい価値観キーワードを考えてみてください。
それがあなたの価値観です。

・できるだけ組織に依存しない収入源を作った方がいいよ
　→（　自立　）
・毎日運動して、ずっと楽しく生きられる
　身体を保った方がいいよ →（　夢中　）
・嫌な仕事を続けるとどんどん自信を失っていくから、
　興味あることを始めた方がいいよ →（　本音　）

・持ち物や人付き合いは、徹底的に減らして
　本当に大事なものだけにした方がいいよ → シンプル

　反対に伝えたくないことも箇条書きでバーッと書き出してみましょう。「こんなこと言っている自分は想像もしたくない」と感じることであれば最高です。

・今社会は不安定なんだから、手に職をつけてまず安定した方が
　いいよ → 安定 ／反対は「挑戦」
・我慢するのが仕事なんだから、石の上にも3年と言うし、
　もうちょっと頑張ってみなよ → 我慢 ／反対は「好奇心」
・そのチャレンジは危ないから、やめておいた方が
　いいんじゃない？ → 現状維持 ／反対は「成長」

　僕はこんな言葉を言っている自分を想像すると、ぞっとします。これらの言葉から、自分の価値観と逆にあるものが見えてきます。
　あなたが伝えたい行動は何でしょうか？
　反対に絶対に伝えたくない行動は何でしょうか？
　そこから、あなたが周りに対して働きかけていく「仕事の目的」が見えてきます。

「価値観マインドマップ」を作って思考を整理する

　質問に答えると、自分の価値観キーワードが集まってくるでしょう。次は、価値観キーワードの似たもの同士をまとめて整理しましょう。

　もし、価値観キーワードが15個よりも少ない場合は、もう少し追加で巻末特典の質問に答えることをおすすめします。多いほど、整理したときに自分の価値観がハッキリしやすくなるためです。

　価値観キーワードをリストアップすると、似たようなものがたくさん出てくると思います。しかし、その状態ではどれを大事にすればいいのかが分からないですよね。それらの価値観キーワードを整理するのが、このステップの目的です。

　おすすめは、マインドマップを活用する方法です。手で作業する場合は、付箋を使うのがおすすめです。もちろんアプリを使っても〇Kです。

　まずは価値観キーワードを全部書き出してください。次に、自分にとって意味の近いキーワードをグループにして、4〜6個に分類しましょう。

　分類ができたら、それらのグループを総括するとどんな価値観キーワードになるかを考えてみてください。

　似たようなキーワードが集まっていれば「これが自分の価値観かもしれない！」と見えてきます。

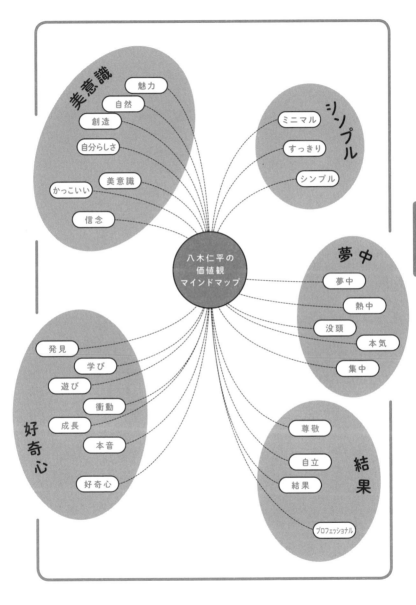

美意識
- 魅力
- 自然
- 創造
- 自分らしさ
- 美意識
- かっこいい
- 信念

シンプル
- ミニマル
- すっきり
- シンプル

八木仁平の
価値観
マインドマップ

夢中
- 夢中
- 熱中
- 没頭
- 本気
- 集中

好奇心
- 発見
- 学び
- 遊び
- 衝動
- 成長
- 本音
- 好奇心

結果
- 尊敬
- 自立
- 結果
- プロフェッショナル

例えば僕は「ミニマル・すっきり・シンプル」という3つの言葉を「シンプル」にまとめました。一度たくさんキーワードを書き出して、まとめるというこのステップを経ることで、表面的でないあなたオリジナルの価値観ランキングが出来上がります。

> ·**POINT**······································
> ### キーワードを似たもの同士で
> ### グループにする

-work STEP 3-
「他人軸」な価値観を「自分軸」に転換する

価値観に正解はないとお伝えしましたが、1つだけ注意して欲しいことがあります。

それは、自分でコントロールできないことを価値観に入れない方がいいということです。

例えば、「人から尊敬されたい」という価値観が出てきた場合です。人から尊敬されるかどうかは、自分の行動でコントロールできませんよね。尊敬されるための行動をすることはできるけれど、尊敬されるかどうかは相手次第です。

他には「お金を稼いで裕福になりたい」という価値観も、お金を払ってくれるのはお客さんなのでもちろんコントロールできません。

「なんで今日は雨なんだ！　晴れろ！　晴れろ！」と天気をコントロールしようとするようなものです。

　そしてその価値観を追いかけて行っても、実は、不幸になるだけなんです。

　ロチェスター大学の卒業生に対して、「目標の立て方」と「その後の人生満足感」の関係を調べた研究があります。

　目標の立て方は大きく分けて２パターンありました。

　１つが「他の人の人生の向上に手を貸し、自らも学び成長したい」という**「目的志向型の目標」**を持った学生グループ。

　もう１つが「金持ちになりたい」や「有名になりたい」などの**「利益志向型の目標」**を持った学生グループです。

　１〜２年後に学生たちの様子を改めて観察したところ、目的志向型の目標を持って、それを達成しつつあると感じている学生は、大きな満足感と主観的な幸福感を得ていて、不安や落ち込みが非常に低いレベルになっていました。

　一方、利益志向型の目標を持っていた学生は、お金持ちになったり、人から尊敬されるなどの目標を達成していたが、学生時代よりも満足感や自尊心、ポジティブ感情が増していませんでした。むしろ不安や落ち込みなどのネガティブ感情が強まっていることが分かりました。

　この研究から「利益志向型の目標は達成しても幸せになることができず、実際には不幸になってしまう」ことが分かっています。

・目的志向型の目標

　「他の人の人生に手を貸し、学んで成長したい」→ 幸福度 ⇧

・利益志向型の目標

　「金持ちになりたい」「有名になりたい」→ 不安・落ち込み ⇧

　この研究を知ったときに、僕がお金をいくら追い求めても全く幸せになれなかったことに納得が行きました。

　しかし、あなたも僕と同じように「お金を稼ぎたい」「人から尊敬されたい」という欲求も持っているでしょう。それを否定する必要は全くありません。人生の目的にはせずに、1つのモチベーションとして使えばいいのです。

　具体的な方法としては、「お金を得た先に何がしたい？」という、お金よりも先にある手に入れたいものを見つけるというものです。

　例えば、僕は「有名になりたい！」という価値観を持っていました。そしてお金の先に手に入れたいものを考えた結果「好奇心」という価値観に行き着きました。

・有名になりたいのは何のため？ → 人からチヤホヤされたい

・人にチヤホヤされたいのは何のため？

　→ 自分の存在を認めるため

・存在が認められたら何がしたい？

　→ 誰の目も気にせずに、好奇心に従って生きたい

・それは有名にならないとできない？ → できる

有名になるかどうかはコントロールできないので他人軸の価値観ですが、好奇心に従って生きることは自分でコントロールすることができるので自分軸の価値観です。別にお金持ちになることや有名になることを諦めろと言っているわけではありません。

　その先にある本当の目的から目を逸らしてはいけない、ということです。

　実は自分軸の価値観を追求するほど、他人軸の価値観も自然と実現されていきます。

　僕は「好奇心」に従って、学んで発信し続けていった結果、自然と知名度が上がっていきました。元々の他人軸の価値観であった「有名になりたい！」というものが徐々に実現されています。

　おそらく「有名になる！」ということが目的になってしまっていたら、確実に成功しそうなことしかやっていなかったでしょう。

　その結果、好奇心に従って好きなことを突き詰められず、自分のメソッドを本で体系化できるレベルまでにはなれていないはずです。つまり、自分軸で生きることで、自然と他人軸の価値観も満たされてしまうということです。

　あなたも価値観を見つける質問に答えていたら、自分でコントロールすることのできないキーワードが出てきませんでしたか？

　その時は出てきた価値観に対して**「その目的は？」「手に入れたら何がしたい？」**と質問して、その先にある自分の手に入れたいものを考えてみてください。

　他にも２つ例を挙げておきます。

例①：「お金持ち」 ⇨ 「ありのまま」

▷ お金持ちになりたい

▷ それは何のため？　→ 人から尊敬される

▷ 尊敬されたら何がしたい？

　→ 人から大事にしてもらえる。良い扱いが受けられる。

▷ それは何のため？　→ もっと自分らしくありのままでいられる

▷ それはお金持ちにならないとできない？　→ できる

例②：「お金持ち」 ⇨ 「学び」

▷ お金持ちになりたい

▷ それは何のため？　→ ヘリコプターの操縦を学びたい

▷ それは何のため？　→ 新しいことを学ぶのが楽しいから

▷ それはお金持ちにならないとできない？　→ できる

　他人軸な価値観を目標にしてしまうと、いつまで経っても本当の意味で心が満たされることはありません。その先にあなたが求めている「自分軸」な価値観をこのステップで明確にしてください。

---- POINT ....

コントロールできない他人軸の価値観を、
コントロールできる自分軸の価値観に置き換える

....

-work STEP 4-

「価値観ランキング」を作って優先順位を決める

　次に、出てきた価値観をランキング付けしましょう。「どれも大事だから順位なんてつけられない……」と言いたくなる気持ちも分かります。しかし、このランキング付けをしっかり行うことで、今後の人生の迷いを確実に減らすことができるので必ずやってみてください。

　ランキングをつけるコツは「どっちが最終目的か？」という質問について考えてみることです。

　例えば僕は5つの価値観を以下のようにランキング付けしています。

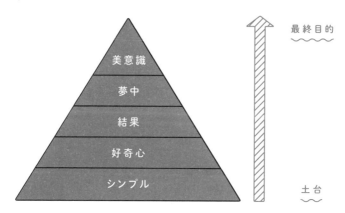

　なぜ、こういう順番にしているかというと、下が最初に満たすべき「土台」となっている価値観で、上位になるほど「最終的な目的」

だと分かりやすくするためです。

　例えば僕は「シンプル」な状態は大好きですが、それ自体が人生の目的ではありません。最終目的はやはり「美意識に従って人間として美しい生き方をすること」です。

　また、全ての価値観は、このように繋がっています。

1. 美意識……人間として美しい生き方をする
　　↑夢中な状態こそ人間として一番美しい姿
2. 夢中……やりたいことに夢中になる
　　↑結果を出すと決めると夢中になれる
3. 結果……自ら結果を追い求めて、他人にもいい結果を与える
　　↑好きなことには本気になって結果を出そうと思える
4. 好奇心……興味に従って行動する
　　↑余計な迷いがないと好奇心に従いやすい
5. シンプル……迷いの少ないすっきりとした生活を送る

　例えば、好奇心に従ってワクワクを原動力に動くことは、「夢中」に繋がっています。好奇心の湧かないことに対してはなかなか夢中になれません。

　そして自分のやりたいことに没頭している「夢中」な状態の人間は、「美しい」と感じます。

　従って、僕の人生の最終目的は「美意識」という「人間として美しい生き方をすること」なのです。

　この考え方を使って、価値観のランキングをつけてみてください。

このランキングを作ることができれば、今自分のどこの価値観が満たされていないのかが一目瞭然になります。

　今後の人生で「どっちの道に進もうか」という決断で迷うことがグッと減ります。モヤモヤから解放された生き方を手に入れるためには必須のステップです。

> ·····**POINT**··············
>
> ### 価値観をランキング化する

-work STEP 5-

「仕事の目的」を決めれば自然と仕事が上手くいく

　人生の目的となる価値観のランキング付けができたら、あなたの「仕事の目的」も考えておきましょう。

　価値観というものはまずは自分で満たす必要があります。まず自分が価値観に忠実な生き方をして、自分自身を満たすことが重要です。

　例えば「安心」という価値観を持っているなら、自分が安心感を感じられるように日々行動しましょう。

　そして自分の心が満ち足りてきたら、自然と、その価値観を周りの人にも広げたくなっていきます。

　満タンになったコップが溢れて、周りに水が行き渡っていくようなイメージです。

　どんな価値を周りに広げていきたいのかを、自分の持っている価値観リストから選んでみましょう。自分が本気で大事だと思うものでなければ、それを実現するために本気になることはできないからです。

　僕の場合は5つの価値観の内、仕事の目的に「夢中」を設定しています。

　この先に見つける「やりたいこと」は、仕事の目的のための手段です。僕の「やりたいこと」は「自己理解を伝えること」で、「夢中」を届けることが仕事の目的です。「自己理解」が一番好きなので「自己理解」を伝えていますが、人を夢中にできるなら他の手段でも構いません。

　お客さんも「価値」を受け取りたいと思っています。僕のお客さんであれば欲しいのは「自己理解の知識」ではなく、その先にある「夢中」です。

　例えば、RIZAPという運動と食事による「ダイエット」を提供して会員数が10万人を超えている会社があります。RIZAPグループの役員である迎さんは、「RIZAPは、ただ痩せさせるダイエットセンターではないんです。われわれの価値は、ゲストの人生をRIZAP

によって変えていくことです。人生が輝いていく。自信がみなぎる。幸せを自覚する。その価値を提供するのが自分たちの仕事だと考えています」と語っています。

「ダイエット」という事業内容の先に「自信がみなぎり、人生が輝く」という仕事の目的を設定しているそうです。まさに、「仕事の目的」から考えた働き方をしているのが分かる言葉ですね。

では、どうすれば仕事の目的を定めることができるのでしょうか？

そのためには、あなたがこれまで人に価値を提供しようとした経験を振り返ることが有効です。

意識せずとも、人は自分の周りの世界に対して影響を与えようと行動するものです。

どんな影響を与えようとするのかは人それぞれですが、あなたにも必ずそんな経験があります。

その経験を振り返ると「無意識のうちに周りに与えようとしてきた影響」が見えてきます。それがあなたの「仕事の目的」になるのです。

具体的には、10個の経験を思い出してみてください。1つの経験だけでは、間違った結論に達してしまう可能性があるため10個振り返るのが重要です。振り返る経験は「価値を提供できた」ではなく「価値を提供しようとした」レベルで構いません。提供したいという気持ちがあれば、その「スキルや知識」はこれから学べばいいからです。

例えば、僕の場合は以下のような経験があります。

価値を提供しようとした経験	
1	中学高校時代に、バドミントン部の応援でチームメンバーが全力を出せるよう応援していた
2	ブログで「好きなことをやれ！」とずっと発信していた
3	仕事で後輩に相談された時、詳しく今後やることを教えて迷いをなくしてあげた
4	小学生の頃、自由帳の上にゲームを作って友達に遊んでもらっていた
5	バドミントンの部活動で新しいゲームを考えて練習を面白くした
6	塾を卒業した後に、受験勉強で成果を出した方法を後輩に伝えた
7	ビジネスで結果が出たら、その成果を元に「あなたもできる！」と伝えている
8	素晴らしい強みを持っているのに発信できていない人がいたら「あなたはこの方向に行った方がいい！」と背中を押す
9	バドミントン部の練習に、本で読んで得た新しい内容を追加した
10	時間の節約できる洗濯乾燥機を周りの人におすすめしまくった

　経験を洗い出せたら、そこで「あなたはどんな価値を提供しようとしていたのか？」を考えてみてください。

　様々なキーワードが出てくると思いますが、一番多く出てきているものをあなたの「仕事の目的」に定めれば〇Kです。

　それだけこれまでの人生の中で自然とやってきたことなので、「仕事の目的」にしても違和感を感じることなく、働くことができるようになります。

	価値を提供しようとした経験	提供しようとした価値
1	中学高校時代に、バドミントン部の応援でチームメンバーが全力を出せるよう応援していた	本気・熱中
2	ブログで「好きなことをやれ！」とずっと発信していた	夢中
3	仕事で後輩に相談された時、詳しく今後やることを教えて迷いをなくしてあげた	シンプル・夢中
4	小学生の頃、自由帳の上にゲームを作って友達に遊んでもらっていた	好奇心・夢中
5	バドミントンの部活動で新しいゲームを考えて練習を面白くした	好奇心・夢中
6	塾を卒業した後に、受験勉強で成果を出した方法を後輩に伝えた	結果・夢中
7	ビジネスで結果が出たら、その成果を元に「あなたもできる！」と伝えている	自信・夢中
8	素晴らしい強みを持っているのに発信できていない人がいたら「あなたはこの方向に行った方がいい！」と背中を押す	シンプル・夢中
9	バドミントン部の練習に、本で読んで得た新しい内容を追加した	好奇心
10	時間の節約できる洗濯乾燥機を周りの人におすすめしまくった	シンプル・好奇心・夢中

CHAPTER

4

　そして、仕事の目的が決まれば、たくさんのやりたいことの中から自分の「本当にやりたいこと」を見つけ出すことができます。

　例えば僕は「ボードゲーム」や「ファッション」など他にも興味のあることがありますが、目的である「夢中な人を増やす」ためには自己理解が最も適していると感じたため、自己理解を伝えることにしました。クライアントから「自己理解プログラムに出逢ったおかげで人生が大きく動いています。感謝でいっぱいです！」などメールをもらう度に、「やっぱり自己理解を選んでよかった」と感じ

ます。

　もし、この先あなたがたくさんの「やりたいこと」を見つけても、仕事の目的となる「提供価値」を決めていれば「本当にやりたいこと」を見つけ出すことができるのです。

　ちなみに「人を笑顔にしたい」や「人を幸せにしたい」は仕事の目的にはなりません。なぜなら、人を笑顔にしない仕事は存在しないからです。それを「仕事の目的」に定めてしまうと、やりたいことが絞れずに迷い続けてしまうことになります。

　その場合は「どんな時に人は笑顔になるのか？」または「どんな時に人は幸せを感じるのか？」を考えてみてください。「安心した時に笑顔になる」「ワクワクした時に笑顔になる」など、そこにあなたの価値観が現れます。

　このワークだけで明確にならない場合は、巻末特典の★がついている質問にも答えてみてください。

　あなたの仕事の目的は決まったでしょうか？仕事の目的が決まったら、次にその目的を実現するための「やりたいこと」を見つけ出しに行きましょう。

> ·······POINT·······
>
> ### 価値観ランキングの中から、
> ### 仕事の目的を決める

CHAPTER

5

「得意なこと」さえ見つければ何でも仕事にできる

「得意なこと」の定義とは

「やりたいこと」は「好きなこと」と「得意なこと」の掛け合わせでできると説明しました。「やりたいこと」を見つけるために、まずは「得意なこと」を見つけましょう。それは前述したように、「好きなこと」が見つからない最も大きな原因が「見つかっても仕事にできそうな自信がない」というブレーキだからです。その壁は自分の「得意なこと」を理解することで突破することができます。

まずは、「得意なこと」とは何かを改めて定義しておきます。

得意なこと
＝成果を出すために使える無意識な思考・感情・行動パターン

これが「得意なこと」の定義です。と言われてもよく分かりませんよね。

簡単にいうと、「クセ」のようなものが「得意なこと」です。スポーツの才能や音楽の才能という輝かしいものではなく、あなたが無意識に自然とやってしまうことです。

・いつも人間観察をしている

・いつも思いついたらすぐ行動している

・いつも人の気持ちを考えている

・いつもどうやって勝つかを考えている

・いつもどうやって人を笑わせられるかを考えている

　こんな頭と心のクセが、「得意なこと」です。「得意なこと」は、自分にとっては「無意識」であることがポイントです。無意識にやっていることなので、気づくのが難しいのです。
　ちょっとワークをやってみましょう。

・頭の中で紙を思い浮かべて、手で自分の名前を書いてみてください

　書けましたか？　それは、どちらの手で書いたでしょうか？
　99％の方が何も考えずに自分の利き手を使って書いたはずです。その時に「利き手を使おう」という意識もせずに。これが、無意識に行動しているということです。
　「得意なこと」をやらないのは、ずっと利き手を使わず生活するようなものです。いくら利き手と反対の手で頑張っても、利き手を使っている人にかなうはずがありません。
　しかし、利き手を使うのは自分にとって無意識な行動なので「今、利き手を使ったぞ！」と自分だけで気づける人はほとんどいません。だから時間をとって自分の行動を振り返ることで、自分が無意識にできる「得意なこと」を見つける必要があるのです。

> **POINT**
>
> 得意なこと（才能）＝無意識のクセ。
> だから気づくための振り返りが必要

「自分を変える努力」から「自分を活かす努力」へ

もし、あなたが今「自分には短所しかない」と思っているとしたら、それはチャンスです。

「得意なこと（才能）」とは、それ自体はただの「クセ」でしかありません。クセなので、良いも悪いもないのです。その「クセ」をどう認識するかで、「長所」にも「短所」にもなります。

例えば、「物事に慎重に取り組む」というのは1つの才能です。ミスのない作業を求められる仕事をすればそれは、長所になります。しかし、スピード感を求められる仕事をすれば、それは短所になります。

自分の得意なこと(才能)がどうすれば長所として発揮されるのかを理解してなければいけません。

過去の僕も短所にばかり注目していました。僕が感じていた自分の短所は「人と長時間一緒にいると消耗して疲れる」というもの。

「たくさん友達がいて好かれている人間にならねば……」と思ってずっと生きてました。それを克服するためにヒッチハイクを100回やったりもしました。しかし、僕の初対面の人に対する心

理的ハードルは何も変わらず、憧れていたような多くの友人がいる人間になることはできませんでした。

　短所をなくそうとする努力は苦しく、その先には「自分は努力しても変われない」という自己否定しかありませんでした。

　短所をなくそうとするのではなく、視点を変えてみましょう。一見、短所にしか見えない「人と長時間一緒にいると消耗して疲れる」という才能を別の視点から見た場合、どんな長所になるでしょうか？

　僕の場合は「１人で物事に没頭できる」という長所に変わりました。ブログをコツコツ書き、本を出版することができたのも、「1人で物事に没頭できる」という長所があったからです。

　ずっと「1人ですごすのが好き」という才能を否定して、自分がしんどいけれど人の輪の中でニコニコする自分を選択していた場合、僕は無個性でつまらない人間になっていたでしょう。

　僕が今こうして文章を書いて生活ができているのは、自分の才能を長所と捉えることができたからです。

　努力は必ず報われるというのは嘘です。苦手を克服する努力は意味がありません。むしろ自分の苦手なことばかりに着目せざるを得なくなるので、自己否定が加速していくだけです。

　「妻と義母」という隠し絵をご存じでしょうか？

　1枚の絵に描かれた人物が、奥を

見ている若い女性か、横顔を見せている老いた女性に見えるという絵です。

　これは「得意なこと（才能）」のイメージにピッタリです。どんな「得意なこと」も、見方次第で長所にも短所にもなります。ですので、人それぞれ持っている才能に優劣はありません。大事なのは、自分の持っている「得意なこと」を理解して、上手く活用できるようになることです。

　考え方を根本的に変えましょう。「自分を変える努力」は今後一切必要ありません、「自分を活かす努力」を始めましょう。

　あなたには、才能が足りないのではありません。持っている才能の使い方を知らないだけです。ここで、あなたの短所を一瞬で長所に変えてしまう簡単な方法を伝えておきます。

　それは「〜だから」という言い訳を「〜だからこそ」に言い換える方法です。

　例えば「人見知りだから、新しい友達がなかなかできない」と考えていたとします。

　この「だから」を「だからこそ」に言い換えてみましょう。そうすると「人見知りだからこそ、大事な人とじっくり向き合うことができる」や「人見知りだからこそ、1人でじっくり考える時間を取ることができる」と一瞬で長所に言い換えられます。

　この「得意なこと（才能）」と長所・短所の関係を100種類のリストにまとめて巻末特典としてつけています。ぜひ自分のクセを上手く長所として使うために活用してください。

　自分を変える努力はおしまいにして、自分を活かす努力を始めま

しょう。

```
········ P O I N T ·········································
:
:    ✕ 自分を変える努力
:    ○ 自分を活かす努力
:
···········································································
```

「自己啓発本」を読めば読むほど自信を失うワケ

「どうすれば成功できるのか?」と考えて、自己啓発本を読み漁る人がいますが、それは逆効果です。

むしろ自己啓発本を読めば読むほど、自信を失ってしまいます。自己啓発本を読むほど自信を失ってしまうのは「著者の長所の使い方」を学んでしまっているからです。自己啓発本には**「俺はこうやったら上手くいったぜ!」**という成功例が、それが唯一の正解のように書かれています。

けれど、それはその著者にとっての長所の使い方であって、あなたに当てはまるとは限りません。アドバイスを真に受けて、行動してもそれがあなたの適性に合っていなければ意味がありません。

やればやるほど「著者が言っていたことを実践しても結果が出ないなんて、僕はどうしようもなくダメなんだ……」とどんどん自信を失ってしまうだけです。

僕自身、大学時代に「とにかく人脈を広げろ!」と書かれている本を読んで、ヒッチハイクを100回やってみるという目標を立て

CHAPTER
5

ました。

　けれど、それは自分にとっては苦痛でしかありませんでした。初対面の人と話すのが本当に苦手だからです。やればやるほど「全然初対面の人と仲良くなれない……」と自信を失うばかりでした。

　結果的に100回ヒッチハイクをして得られたのは「自分には初対面の人と毎日話すことは向いていない」という学びでした。

　自分の向いていないことを理解できたということは収穫ですが、その時間でさらに自分の長所を使って前進した方がよっぽど有益です。

　当時の僕は、**自分が魚であることに気づかずに空を飛ぶ練習をしてしまっているような状態**でした。そして「どれだけ練習しても飛べない、自分はダメなんだ」と自信を失っていました。

　空を飛ぶ鳥に憧れる前に「自分はどんな才能を持っているんだろう？」と考えてみなければならなかったのです。

　あなたは海を泳ぐ魚でしょうか？　それとも空を飛ぶ鳥でしょうか？

　少数の人を大事にして結果を出す人もいれば、人脈を駆使して結果を出す人もいます。「本当に大事にできる仲間を持て」も「人脈を作れ！」もどちらも正解です。

　大事なのは、誰かの長所の使い方を真似ることではなく、自分だけが使える勝ちパターンを手に入れることです。

　そして自分だけの取扱説明書を作ってください。それが手に入れば自分の苦手なことをやって「なんかやる気が出ない」という日がなくなり、人生ゲームの攻略難易度は一気に下がります。

　その取扱説明書は自己啓発本をいくら読んでも見つかりません。

自分のこれまでの経験の中にしか眠っていないからです。

「長所」を尖らせて代わりのいない存在になる

そして、あなたの長所は、使えば使うほど伸びていきます。苦手なことを克服するよりもずっと伸びます。

16歳の学生を対象に3年間速読の訓練をして、どれくらい読む速度が上がるかを調べた研究があります。1分間に平均90文字読めるAグループと、1分間に平均350文字読めるBグループに分け、両グループに同じ速読の訓練を受けてもらいました。

3年後、Aグループは1分間に平均150文字読めるようになっていました。約2倍なので素晴らしい成果です。

しかし、Bグループは1分間でなんと平均2,900文字、8倍以上も読めるようになっていました。

この研究からも分かるように、元から得意でないことをいくら努力しても、大した強みにはなりません。自分が元から上手くできることを効率よく伸ばしていくことが、重要なのです。

あなたは苦手なことの克服に時間を使い、自信を失ってしまって

いないでしょうか?

　経営学者のピーター・ドラッカーは**「強みのみが成果を生む。弱みはたかだか頭痛を生むくらいのものである。しかも弱みをなくしたからといって何も生まれはしない。強みを生かすことにエネルギーを費やさなくてはならない」**と言っています。

　あなたの生まれ持った、尖っている星型の、凹んでいる部分を埋めることに時間を割かないでください。その先には無個性な円形になってしまうだけです。もともと尖っている先端を、もっともっと尖らせることに時間を使いましょう。その尖りがあなたらしさです。そして、仕事で成果を生むものです。

　学校のテストでは、1教科100点満点、全ての教科の合計点で評価されます。けれど仕事は違います。点数の上限がありません。

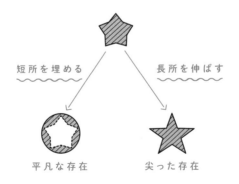

ですから、1つの教科で1,000点、10,000点を目指せばいいのです。むしろ突き抜けた長所があれば「ハロー効果」が働きます。

ハロー効果とは、「1つの点で優れている人を見ると、他の点も素晴らしいに違いない」と想像する効果のことです。顔が整っている人を見ると仕事もできそうだと感じることはありませんか？　それがハロー効果です。ですから、あなたは短所を持っていても、1つ突き抜けた強みを持っていれば周りから優秀な人だと判断されます。できないことがあっても、それは減点にはなりません。

そして短所を使うよりも長所を使った方が、仕事もずっと充実します。

あなたはまだ自分の短所を埋めて、無個性になる道を選びますか？　それとも、今日から自分の長所を尖らせて、代わりのいない存在になる道を選びますか？

⸢POINT⸥

短所を克服すれば、「人並みの成果と退屈な仕事」が手に入る
長所を伸ばせば、「圧倒的な成果と充実した仕事」が手に入る

-work-

5つの質問に答えて「得意なこと」を見つけ出す

では、ここからはあなたオリジナルの「得意なこと」とその「得

意なこと」が上手く使える長所を見つけ出しましょう。

　ゴールは、

・長所が10個

　が見つかっている状態です。自己啓発本の中にはない、自分だけ
の長所をここで見つけてください。それでは、あなたの長所を見つ
ける質問をみていきましょう。

Q1　これまでの人生で充実していた体験は？

　「得意なこと」を見つけようとする際に「成功体験を思い出しま
しょう！」という提案がよくされます。確かに「得意なこと」を見
つけるときには成功体験を思い出すことはとても有効です。

　しかし、この質問をされても「成功体験なんて言われてもそんな
ものありません……」と思われる人の方が多いでしょう。実際にク
ライアントに「成功体験を教えてください」と言っても、すぐに答
えられる方はなかなかいません。なので僕はいつも「充実体験はあ
りますか？」と聞いています。

　充実体験とは自分が楽しかった時期や経験のことです。なぜ楽し
かった経験を思い出すことで、自分の「得意なこと」を知ることが
できるのか？

　「得意なこと」をやっているときは、とても楽です。そして楽しく、
あまり疲れません。むしろ、やればやるほど精神が元気になってき

ます。

　例えば、「人がたくさんいる飲み会に行くと元気になる人」がいれば、「部屋で一人本を読んでいると元気になる人」もいます。反対に苦手なことをやっているときは、意識的に頑張る必要があるのでとても疲れます。また、「人がたくさんいる飲み会に行くと疲れてしまう人」がいれば、「部屋で一人本を読んでいると鬱々としてくる人」もいます。

　「得意なこと」と「苦手なこと」の見分け方はシンプルです。やると充実感が得られるのが「得意なこと」で、やると疲労感が募るのが「苦手なこと」です。

　まずは「自分がどんなときに楽しいと感じるか」から「得意なこと」をしっかりと捉えましょう。仕事の中でどうやって長所として活かせるかを考えるのは、次のステップです。

　まずは自分の充実体験を発見してみてください。

Q2　最近イラッとした、もしくは心がザワザワしたのはいつ？

　最近ムカついたことは何でしょうか？　実はムカついた出来事を思い出すことで、自分の「得意なこと」を見つけることができます。他人の行動にイラッとしたり、心がざわつく理由は、自分には自然にできていることが相手にはできていないからです。「何でこんなこともできないの？」と感じた時に、人はイラッとします。なのでイラッとした時は、自分がいつも当たり前にやっている「得意なこと」に気づくチャンスです。

人にムカつくくらい当たり前にやっていることを仕事にすると楽ですし、成果が出ます。

　例えば、話すのが上手く、飲み会などでいつも話の中心になる友人がいます。

　ある時そんな友人が「場を回す力がないのにつまらない話ばかりしてくるやつにイラつく」と言っていました。これは僕には全くない感覚で、ものすごく驚いたので鮮明に覚えています。それは面白い話をして場を盛り上げることを当たり前にやっているから、出てくる言葉でしょう。

　そんな友人は、いつも面白い会話で人を楽しませられるという「得意なこと」を持っていました。当たり前にそれができるなら、仕事で絶対に使った方がいいです。むしろ使えないと、息苦しくて仕方ないはずです。

　他には、「人の気持ちが分からない人が許せない」と言っていた人もいました。その人は間違いなく、人の気持ちが自然と分かるのでしょう。

　あなたの心がイラッ、ムカッ、ザワザワとするのはどんな時でしょうか？　そこからあなたにとってどんな当たり前のクセが見つけられますか？

　その自然にやってしまうことが仕事にできれば、仕事は流れるプールを浮き輪に乗って進むように、楽で楽しいものになります。

Q3 「仲のいい人に「自分の長所って何だと思う？」と 聞いてみてください。

一人で質問に答えているだけでは、「得意なこと」はなかなか見つかりません。

　なぜなら、前述したように「得意なこと」とは、自分にとって当たり前であることが多く自分で気づくのが難しいからです。

　ですので、周りの人には明らかに見えていて、気づいていないのは自分だけということが多々あります。

　300組のカップルを調査した研究では、自分の性格を自己判断した時よりも、パートナーが採点した時の方が正しく性格を判断できていたという結果も出ています。

　例えば、僕の場合は友人に聞いてみることでこんな気づきがありました。

友人「熱量がすごいよね。自己理解に関しても本当に好きで
　　　勉強してることが分かるから周りの人が巻き込まれやすい」
八木「周りからみたらそんなに熱量高く見えるのか！　自分に
　　　とっては普通だったから気づかなかった」
友人「熱量すごいよ」

　あまり頑張らなくても勝手に自分のプログラムが売れていく感覚があったのですが、それは僕が発している熱量で勝手に人が集まってきてくれているからのようです。

　無意識でやっていましたが、1つのことに没頭して周りを巻き込んでいけるのは、僕の長所です。

　自分の「熱量が高く周りを巻き込む」という長所に気づいた僕は、

自己理解プログラムを受講しているメンバーに事業の細かい数値を公開して、どんな戦略で仕事をやっているかを説明するようになりました。僕の自己理解を広めることにかけている熱量を、プログラムのクライアントにも届けるためです。

それによってクライアントを僕の持っている熱の渦に巻き込むことができ、クライアントも「それくらい熱中できる『自分のやりたいこと』を見つけよう」と、真剣に自己理解をするモチベーションが生まれているように感じます。

事業の数字をお客さんに公開している人はなかなかいないと思いますが、これが僕の長所の使い方なのです。

僕のクライアントにも、必ずこの仲の良い人に長所を聞くというワークをやってもらっています。やってみると、当たり前すぎて気づけていなかった長所に「そうだったのか！」と、皆さん必ず気づきます。ぜひあなたも友達や家族に質問してみてください。

Q4 明日仕事を辞めてしまったとして、
もっとやりたかったと感じるのはどの部分でしょうか？
仕事をしていない場合は前の仕事について考えてください

仕事は1つの塊として考えるのではなく、複数の作業の組み合わせとして考えるのがポイントです。やっている仕事の全部が楽しい、全部辛いということは、ほぼあり得ません。どんな楽しい仕事にも嫌な部分があるし、どんな辛い仕事にも楽しい部分があります。

「明日仕事を辞めたとしたら、もっとやりたいと感じる部分はど

こでしょうか？」

　それがあなたの「得意なこと」であり、やっていて充実感を感じる部分です。

　例えば僕のクライアントのKさんは仕事で発生する事務作業などは嫌いだけれど、「お客さんの話を聞いている時間は大好きでやめたくない」と言っていました。お客さんの話を聞く時間が中心の仕事をすれば、Kさんはとても輝けるでしょう。

　あなたが今、嫌だと思っている仕事の中にも、楽しいと感じる部分があるはずです。そこにあなたの得意なことが眠っています。

Q5　これまでの人生で成果が出たことは何ですか？
　　　どうやって成果を出しましたか？

　実は最も重要なのは、この質問です。やはり、仕事で使える「長所」を見つけるためには、これまで成果が出たことを振り返る必要があります。

　成果が出た成功体験といっても、人に胸を張って自慢できるようなものである必要はありません。

　「成功体験って何かあるかな？」と考えてみた際に、パッと思い浮かんだもので大丈夫です。

　なぜなら、パッと思い浮かんだものは、強く記憶に残っている経験であり、当時強烈な感情を味わった経験だからです。

　あなたの得意なことは感情と結びついています。長所を使っている時は充実感や喜びが感じられ、短所となっている時は空虚感を感

1. 充実した状態に入る前に 何をした？	2. その時の 環境の特徴は？	3. 具体的にどんな行動を 取っていた？

8. 当時、もっとこうすれば よかったなと感じていることは？	成功体験・充実体験は？	4. 「3.」の行動を取ったのは どんな思考から？

7. いつその充実感は終わった？ どうすれば継続できた？	6. 何がモチベーションに なっていた？	5. 当時は 何を意識していた？

CHAPTER

5

⇩

じたり不安になってしまいます。なので、今パッと思いついた経験を深掘りすれば、そこにあなたの長所が必ず眠っています。

どうやって成功体験を深掘りするかというと、次の８つの視点を使ってください。

1. 充実した状態に入る前に何をした？
2. その時の環境の特徴は？
3. 具体的にどんな行動を取っていた？
4. 「3.」の行動を取ったのはどんな思考から？
5. 当時は何を意識していた？
6. 何がモチベーションになっていた？
7. いつその充実感は終わった？　どうすれば継続できた？
8. 当時、もっとこうすればよかったなと感じていることは？

この８つの視点であなたの成功体験を深掘りすることで、長所がどんどん見つかります。

この８つの視点で考えたら、そこから分かった「長所」をまとめてください。

CHAPTER

5

1. 充実した状態に入る前に 何をした？	2. その時の 環境の特徴は？	3. 具体的にどんな行動を 取っていた？
▶ 参考書や勉強法を調べて自分に最適な物を探していた ▶ インターハイに出るのをやめて、受験勉強だけに集中できるようにした	▶ 親のサポートを最大限に受けられて、受験以外を考えなくてよかった ▶ 参考書などはいくらでも買ってよかった ▶ 同じ大学を目指す仲の良い友人がいた ▶ 尊敬できる先生	▶ とにかく信頼できる先生の言うことを聞いていた ▶ 仲の良い友達と苦手科目をファミレスで問題出し合っていた ▶ 模試の問題を解くことをとにかく大事にしていた ▶ 通学時間中もずっと英語の単語帳音声を聞いていた ▶ 自分の選択教科で受かる大学を選んだ ▶ 模試を10％短い時間で解いていた

8. 当時、もっとこうすれば よかったなと感じていることは？	成功体験・充実体験は？	4. 「3.」の行動を取ったのは どんな思考から？
▶ もっとレベルの高い大学を目指せばよかった。大学に入ってから、東大コンプレックスを若干感じた	高校3年の受験勉強	▶ 尊敬できる人じゃないと言うこと聞く気にならない。確実に結果の出る勉強法で挑みたかった ▶ 単純な楽しさから。他に仲の良い友達があまりいなかったから。苦手な科目も友達とやれば楽しかった ▶ 自己満足ではなく結果の出る勉強がしたかった ▶ 時間の無駄なくできることは全てやるという気持ちだった。1冊の単語帳が完璧に自分の頭の中に入っていくことが楽しかった ▶ 途中で文理変更をしたので、その科目で受験できる最も難しい学校にした ▶ 本番で結果が出せなければ意味がないので、本番よりも厳しい条件で練習していた

7. いつその充実感は終わった？ どうすれば継続できた？	6. 何がモチベーションに なっていた？	5. 当時は 何を意識していた？
▶ 受験勉強が終わったと同時に終わった。大学に入ることが目的になっていたので、その先の目標を見失ってしまった。そもそも受験勉強を始める前に「何がしたいんだろう？」と自分と向き合って、その目的に繋がる大学を選んでいたらよかったように思う。大学4年間はあまり充実感のないままに過ごしてしまったので、やはり目的とセットになっていない目標はあまり良くない	▶ 数字が上がることでの「達成感」 ▶ 周りの人間よりも成果が出せるという「優越感」 ▶ ハマっていること自体が楽しい「没頭感」 ▶ 親から褒められることでの「自己肯定感」 ▶ どんどん分かるようになっていく「成長感」 ▶ 単語帳が頭に入っていく「完璧感」	▶ とにかく全てを受験勉強に注ぐこと ▶ 受験勉強以外への意識をできるだけ減らすこと ▶ 結果の出る勉強法を使うこと ▶ ダメな先生の言葉を無視すること

⇩

得意なことの「長所使い」パターンは？

1. 尊敬できる人を見つけて、無条件に信じる
2. 練習ではなく勝負の機会を増やす
3. 一緒に目標を目指す友達を作る
4. 成功か失敗かが明確な目標を立てる
5. 納得できる戦略を立てることに時間を使う
6. 隙間時間に耳からインプットする
7. 今の目標に必要のない物を削ぎ落とす
8. 成長が目に見えるように可視化する
9. 今の自分から考えずに、
　 大きな理想も描いておく

　1つの成功体験を深掘りするのに30分ほどはかかりますが、その時間をかけることで、今後の人生でずっと使えるオリジナルの成功法則を見つけることができます。

　例として僕が高校3年生の受験勉強をした時のワーク内容を紹介します。

　1つの体験を振り返るだけでも、9つの得意なことを「長所使い」できるパターンが見つかりました。

　これを今の仕事に活かしたり、就職・転職先で活かしやすい場所を選ぶことで、同じ状態に入ることができます。そうすれば、成果が出やすくなっています。

CHAPTER
5

長所をまとめて「自分の取扱説明書」を作る

　さて、質問に答えてきた中で見つかった「長所」をまとめておきましょう。それがあなたの取扱説明書です。

　「やりたいこと」は、この「長所」と関わっている必要があります。

そうでないと、どれだけ「好きなこと」であっても、それは「やりたいこと」ではありません。

　僕は自己理解が好きですが、落ち込んでいる人と関わることは得意ではありません。

　ですので、落ち込んでいる人を励ますのではなく、自分の可能性をより発揮していきたいと感じている人をサポートしています。

　「やりたいこと」の掛け合わせのために、まずはここまでで分かった長所を全てまとめておきましょう。

　最低でも10個、欲を言えば20個書き出せるといいですね。==得意なことの「長所使い」パターンが多いほど、どんな状況でも自分の才能を発揮した行動をできるようになっていきます。==そして「この長所があれば、自分はどんな目標も達成していける」という自信も身につきます。もし数が足りない場合は、質問5の成功体験をもっと深掘りするか、巻末特典として追加で用意している質問に答えてみてください。

　例えば、僕は右のような行動の勝ちパターンがリストアップできました。

　長所を書き出せたら、「◎、○、△」で3段階評価を付けましょう。

◎…充実感があり、成果に繋がる

○…充実感がある

△…まだ確信が持てていない

　CHAPTER 7で、「好きなこと」と「得意なことが上手く発揮され

得意なことの「長所使い」パターンまとめ（10個以上）

1	尊敬できる人を見つけて、真似する
2	練習ではなく本番を増やす
3	納得できる戦略を立てることに時間を使う
4	成果が目に見えるように可視化する
5	成功か失敗かが明確な目標を立てる
6	今の自分から考えずに、大きな理想を描く
7	どこまでも満足せずに質にこだわる
8	自分・他人の強みに気づいて活用する
9	新しい事業を立ち上げる
10	新しいことを学び続ける
11	人が楽しめるための仕組みを作る
12	ハマったことに徹底的に時間を使う
13	今の目標に必要のないものを削ぎ落とす
14	情報を整理して体系立てて説明する
15	言葉で人の背中を押す
16	人に注目される舞台があると力を発揮する
17	ワクワクするアイディアを考える
18	尊敬できる友人と信頼関係を築く
19	自分の成功体験を伝えて、生き様を見せて巻き込む
20	不特定多数に届けるための仕事をする

た長所」を掛け合わせることで、「やりたいこと」を作り出します。

　そこでは「◎」の長所をメインに掛け合わせましょう。あなたが充実感を感じ、成果に繋がる長所を使えないと、それは「やりたいこと」ではないからです。

得意なことの「長所使い」パターンまとめ (10個以上)

◎	1	尊敬できる人を見つけて、真似する
◎	2	練習ではなく本番を増やす
○	3	納得できる戦略を立てることに時間を使う
◎	4	成果が目に見えるように可視化する
◎	5	成功か失敗かが明確な目標を立てる
○	6	今の自分から考えずに、大きな理想を描く
◎	7	どこまでも満足せずに質にこだわる
◎	8	自分・他人の強みに気づいて活用する
◎	9	新しい事業を立ち上げる
◎	10	新しいことを学び続ける
○	11	人が楽しめるための仕組みを作る
○	12	ハマったことに徹底的に時間を使う
◎	13	今の目標に必要のないものを削ぎ落とす
◎	14	情報を整理して体系立てて説明する
◎	15	言葉で人の背中を押す
○	16	人に注目される舞台があると力を発揮する
◎	17	ワクワクするアイディアを考える
○	18	尊敬できる友人と信頼関係を築く
◎	19	自分の成功体験を伝えて、生き様を見せて巻き込む
◎	20	不特定多数に届けるための仕事をする

　あなたの長所が見つかったら、「好きなこと」を見つける準備が完了した状態です。

　では3つの要素の最後である「好きなこと」を次の章で見つけていきましょう。

CHAPTER

6

「好きなこと」を見つけて努力とサヨナラする

「好きなこと」の定義とは

　これから「好きなこと」を見つけるにあたって「好きなこと」とはそもそも何なのかを説明しておきましょう。

　本書での「好きなこと」とは、「興味・好奇心を感じる分野」のことになります。

好きなこと＝興味・好奇心を感じる分野

　例えば、自己理解が好きな人は「どうすればもっと自分のことを知ることができるんだろう？」と考えますし、プログラミングが好きな人は「何でこのシステムは動かないんだろう？」と気になります。ラーメンが好きな人は「美味しいラーメンとマズいラーメンの違いは何だろう？」と考えずにはいられません。

　このように自分が好きな分野のことに対しては、疑問を疑問のままで置いておくのに耐えられません。「知らない」ことを「知っている」という状態に変えたくなるものです。その差を埋めたいと感じる気持ちこそが「好き」です。

好きな人がいたとしたら、自然と興味が湧いてきて「もっと知りたい！」「もっと親しくなりたい！」と思いますよね。それも同じ「好き」です。

　「好きなこと」には自然と興味が湧くので、それが仕事のモチベーションとなります。つまり、あなたが以下のように感じることが「好きなこと」です。

・なんで？
・どうして？
・どうすれば？

　レオナルド・ダ・ヴィンチは「食欲がないのに食べると健康を害すのと同じように、欲求を伴わない勉強はむしろ記憶を損なう」と言っています。食欲が湧いてくるのと同じように、自然と「知りたい！」という欲求が湧いてくる分野を見つければ、仕事のモチベーションに困ることはなくなります。そんな分野を一緒に見つけていきましょう。

┌┈┈┈ P O I N T ┈┈┈┈┈┈┈┈┈┈┈┈┈┈┈

　　　　好きなこと
　＝興味・好奇心を感じる分野

└┈┈┈┈┈┈┈┈┈┈┈┈┈┈┈┈┈┈┈┈┈┈┈┈

「お金のために働いている人」は
「好きで働いている人」に敵わない

　僕は以前、「どうやって情報発信で成果を上げるか？」というテーマで人に教えていることがありました。しかし、その当時はある程度お金には繋がっているものの「このままでいいのか？」というモヤモヤ感がありました。それは、「情報発信」に対して純粋な興味を感じてなかったからです。「仕事だから勉強している」という感覚でした。

　自分の勉強したことを人に伝えて感謝されることは嬉しかったのですが、勉強している時の自分は「なんでこんなことを勉強しているんだろう？」と感じていました。

　今は純粋に興味のある「自己理解」を仕事にしています。なので、勉強するときに頑張っているという感覚が全くありません。むしろ、もっと勉強するための時間を確保して、いくらでも追求していきたいという気持ちがあります。

　この経験から僕は**「お金のために働いている人は、好きで働いている人には敵わない」**と痛感しました。そう、モチベーションの量が全く違うからです。あなたも周りに仕事をとても好きな人がいて、「この分野にこんな情熱を持てる人がいるのか、自分じゃ絶対敵わないな」と思った経験はないでしょうか？

　「好きなこと」を仕事にすれば、努力する必要もなく自然と夢中になります。自分のモチベーションの源泉と直接繋がっている状態

です。僕も「なんかやる気が出ない」という日がなくなりました。人生は100メートル走ではありません。長いマラソンのようなものです。20代のクライアントから「この仕事をあと50年以上続けていくことを考えるとゾッとして、働き方を変えなければいけないと感じて自己理解を始めました」と聞いたことがあります。

　僕も全くの同感で、仕事という人生の中心に存在するものに対して「これが本当に好きだ！」と言えないような生き方をしたくありません。人生が今後長く続くなら、なおさらです。

　一時的に「努力」することは、100メートル走では有効です。しかし、マラソンでは途中で息切れせずに好きなことに「夢中」になり続けている必要があるのです。短い勝負では「努力」も有効な戦略だと思いますが、長期的な勝負において「努力」は「夢中」に勝てません。あなたも「夢中」という最強のモチベーションを手に入れて、息切れしない働き方を手に入れませんか？

┌─ **POINT** ┈┈┈┈┈┈┈┈┈┈┈┈┈┈┈┈┈┈┈┈┈┈┈┈┈
│
│　**✕ 成功したいからお金が稼げそうなことをする**
│　**◯ 成功したいから好きなことをする**
│
└┈┈┈┈┈┈┈┈┈┈┈┈┈┈┈┈┈┈┈┈┈┈┈┈┈┈┈┈┈┈┈

CHAPTER

6

「野球が好きだから、野球関連の仕事を選ぶ」は
間違い

「『好きなこと』を仕事にした方がいい」と言われる一方で、「『好きなこと』を仕事にしてはいけない」と言われることがあるのも事実です。

それはなぜなのでしょうか？

実は「『好きなこと』を仕事にする」には失敗パターンがあります。それは「野球が好きだから、野球関連の仕事を選ぶ」のように、「好きなこと」に直接関連している仕事を選んでしまうことです。「好きなこと」という分野で仕事を選んでしまい、その仕事で具体的に何をするかを考えずに仕事を選んでしまうと大抵失敗してしまいます。

例えば、学生時代から野球が好きだった場合はどうでしょう。元々は野球選手になりたかったけれど難しそうだと感じたので、野球に関連した仕事を探すことにしました。そして、就職活動を頑張った結果、大好きな野球に携われる野球用具メーカーでの販売職につけてよかった！　と思いきや、なぜか心は満たされません。

理由は簡単で、野球をプレイするのが好きだったけれど道具を販売することは好きではなかったからです。

「好きなこと」という分野しか見ていないと、この失敗パターンにハマってしまいます。

大事なのはその分野で、自分がどんなことをやっている時に楽し

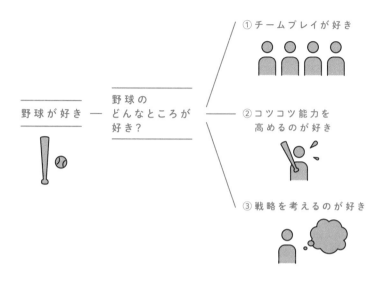

① チームプレイが好き

② コツコツ能力を
　高めるのが好き

③ 戦略を考えるのが好き

いのかという「得意なこと」もセットで考えることです。

　「野球が好き」でも、「野球のどんなところが好きなのか？」という理由は人それぞれ違っています。

　例えば「野球のチームプレイが好き」なら、仕事を考える時には「チームで取り組めるのか？」という視点が重要です。

　「野球の能力をコツコツ高めることが好き」なら、「この仕事は技術を磨く楽しさがあるのか？」という視点を持った方がいいでしょう。また、「野球の戦略を考えることが好き」なら、「単純作業ではなく、自分の頭で考えられるか？」という基準で仕事を探す必要があります。

　それが野球関連の仕事で実現できればもちろん素晴らしいことで

す。けれど野球以外でもその楽しさを感じることができる仕事はいくらでもあります。

「野球が好き！」という好きなことから、「野球のどんなところが好きなのか？」と考えてみましょう。

・チームプレイが好き　→　チームで取り組む仕事
・能力をコツコツ高めることが好き　→　技術を磨く仕事
・戦略を考えることが好き　→　頭を使うような仕事

そこで出てくる答えは、あなたの「得意なこと」に関連しています。好きなことを仕事にする時は「分野」だけではなく「どんなところが楽しいのか？」もセットで考えてください。

> **POINT**
>
> ### 好きなことを仕事にするときは
> ### 「どんなところが好きなのか？」もセットで考える

「仕事にすべき好きなこと」と、
「仕事にしてはいけない好きなこと」の違い

実は、仕事にすべき「好きなこと」と、仕事にしてはいけない「好きなこと」があります。それをチェックするのは簡単です。「役に

立つから好きなこと」は仕事にしてはいけません。「興味があるから好きなこと」を仕事にしてください。

「役に立つから好きなこと」とは、やった後についてくる「結果」が欲しいからやっていることです。

「興味があるから好きなこと」は、触れているその瞬間が楽しいからやっていることです。

しかし、多くの人が「役に立つから好きなこと」を大事にしてしまって、「興味があるから好きなこと」を捨ててしまいます。

あなたは「役に立たないから」といって、「興味があるから好きなこと」を捨ててしまっていませんか？

「役に立たない」という言葉は、好きなことを見つけようとしている人の足を止めてしまう最大の悪魔です。

「役に立つかどうか」という基準が強すぎると、好きなことは見つかりません。

もちろん合理的に、効率的に生きるのは素晴らしいことです。何も無駄なことをしろと言っているわけではありません。しかし、多くの人がハマってしまう1つの罠があります。合理性に人生を乗っ取られてしまうことです。

これはどういうことか説明します。

全ての行動が「これは役に立つか？」という基準をクリアしていないといけないように感じて、ブレーキがかかってしまうことがあります。その結果「『好きなこと』をやって幸せに生きる」という本来の目的を見失ってしまい、「役に立つこと（合理的なこと）」しかしてはいけないように感じてきます。これが合理化の罠です。

・役に立つことしかしてはいけない

・誰かに説明できることしかしてはいけない

・お金を稼げることしかしてはいけない

・生産的なことしかしてはいけない

　このような状態になってしまっている方が多い気がします。これでは好きなことが分からなくなって当然です。

　「役に立つかどうか？」という基準をいったん捨てて、まず純粋に自分が好きだと思えることを見つけ出しませんか？

　どうやって仕事にしていくかを考えるのは、その後です。CHAPTER 8で説明します。

　それでは、具体的に「好きなこと」を見つけるワークを一緒にやっていきましょう。

> **POINT**
>
> ✕ 役に立つから好きなことを仕事にする
> 〇 興味があるから好きなことを仕事にする

5つの質問に答えて「好きなこと」を見つけ出す

Q1　今お金を払ってでも勉強したいことはありますか？

　あなたが今、お金を払ってでも勉強したいことは何でしょうか？

　例えば僕は先日、ある「自己認識強化プログラム」に参加してきました。2日で10万円のプログラムと決して安くはないのですが、新しい知識を学ぶことができ、非常に勉強になりました。自分の専門分野に関わる内容なのでもちろん仕事です。しかし僕にとっては仕事でなかったとしてもしている「遊び」のようなものです。

　こんな風に「好きなこと」を仕事にすると、好きで勉強していることが仕事にも役立ってお金にもなるという循環を作り出すことができます。

　あなたが今、お金を払ってでも勉強したいと感じていることは何でしょうか？

　もしくはお金を払ってでも体験したいと感じていることは何でしょうか？

　勉強したいと感じることは、あなたが興味を感じていることです。なので、その分野を仕事にすれば、仕事は自分が好きだからやっているという「遊び」になります。今勉強したい、体験したいと感じ

CHAPTER

6

ていることを書き出してみましょう。

Q2　本棚にはどんなジャンルの本が眠っていますか？

　自分の本棚を眺めてみてください。そこにはどんなジャンルの本が並んでいますか？

　その中に、眺めるだけでワクワクするような本はありますか？これまでに時間をかけて読んできた本を眺めてみることで、自分がどんなことに興味を感じるのかを知ることができます。

　今あまり家に本がないという場合は、ぜひ書店に行ってみてください。色んな本が置いてある、できるだけ大きな書店がおすすめです。

　僕のクライアントからも「嘘だと思って書店に行ってみたら、本当に好きなことが見つかりました！」という声をいただいています。それくらい書店は強力です。

　書店を1周回ってみましょう。「この棚には興味がないな」と決めつけずに、一通り回ってみるのがおすすめです。そして自分がどんな棚の前で立ち止まったかを観察してみてください。

　この時のポイントは「役に立つから気になった」ではなく「なぜか気になった」本に注目すること。

　「役に立つから好きな本」は理屈で考えて選んだ本です。「仕事の業績に繋がりそうだ」などの理由で選んだ本は、好きというよりは「必要」に近いものです。「役に立つから必要な本」と「なぜか気になった本」は区別して考えましょう。

「なぜか気になった本」は直感で見つけた本です。そちらが本当の「好き」です。「なぜか分からないけれど、この分野に興味がある」と感じた本を選んでください。

　あなたが気になった本は、どんな分野の本でしたか？

　興味の湧いた本の分野が、あなたがこれから仕事として関わっていくといい好きな分野である確率が非常に高いです。

Q3　これに出会えて「良かった！」「救われた！」と思える
　　　分野・ジャンル・ものはありますか？

　「好きなことは何？」と聞かれてもなかなか答えられない人も、**「これまで救われたことは何？」**と聞かれれば答えられることがあります。これまで生きてきた中で「これに出会えてよかった！」と思える分野・ジャンルはありますか？

　「救われた」と感じる経験から、その対象に興味が湧いて、好きなこととして仕事にしていくパターンはとても多いです。

　どういうことか具体的に説明します。例えば僕は、「自己理解」が好きです。なぜかと言うと「性格」という概念に僕は昔救われた経験があるから。

　幼い頃から、典型的なリーダータイプの兄に憧れて「僕も兄のようにみんなの輪の中心で盛り上げ引っ張っていける人間になりたい」と思っていました。その影響で中学・高校・大学と兄の真似ばかりして過ごしてきました。大学では、初対面の人と上手く話せない自分を変えるための修行として、ヒッチハイクを100回やったの

CHAPTER

6

は前述の通りです。けれど初対面の人に対する苦手意識は消えずに「自分はダメだな」と自己嫌悪に陥っていました。

　そんな時に、「人間の性格はそもそも脳の違いで内向型・外向型に分かれている」ということを知ったのです。

　診断テストを受けてみると、僕は人付き合いでエネルギーを消耗しやすい内向型人間でした。この時の救われようといったら……。

　今までそんな自分の性格を否定し続けてきましたが、そもそも変えられないものだと分かった時にフッと肩の荷が降りたのを覚えています。「性格」という概念に出会ったことで本当に救われました。今も知らないままだったら、同じことで苦しみ続けていたと思います。

　この経験から、僕は「性格」というものに対する理解をもっと多くの人ができたらいいなと心から感じています。

　自分が救われたことで、このことをもっと多くの人に伝えるべきだという「情熱」をずっと持っています。

　僕の友人には自分の生活が金銭的に苦しい時期にクレジットカードのポイントをやりくりしてなんとか生き延びられたことから、クレジットカードの魅力に取り憑かれ、クレジットカード情報を整理して伝えることを仕事にしている友人もいます。

　あなたがその分野に出会えたのは、それを広めてくれる誰かがいたからではありませんか？

　自分が出会って救われたと感じることは、非常に強いエネルギーを持っています。次は自分が救われたものを広げる立場として活動してみることはどうでしょう？

CHAPTER
6

158

出会えてよかったと思える分野を考えてみることで、あなたの好きなことが見つかります。

Q4　これまで生きてきた中で「お礼を言いたい仕事」は何ですか？

　あなたがこれまで生きてきた中で「お礼を言いたい仕事」は何でしょうか？　「お礼を言いたい人」という観点で考えてもいいでしょう。

　僕の場合は、これまでつまずきかけたときにお世話になった「先生」にお礼を言いたいです。まず、既に紹介した小学2年生の時のアクセサリーじゃらじゃらの担任の先生。自分で考えることの重要性を教えてもらいました。次に、高校生の時に英語の授業についていけなくなった時に、中学1年生レベルの基礎から丁寧に教えてくれてできるようになる楽しさを教えてくれた塾の先生。最後に、僕の自己理解メソッドの元となっている考え方を教えてくださった精神科医の泉谷閑示先生。

　次は自分が、過去にお世話になった「先生のような存在」になって、人の人生を導くような存在になりたいと感じています。好きな分野でいうと「教育」ですね。

　今も教育関連の仕事をしているように、自分が実践して見つけたことを次の人に伝えていく仕事がしたいと強く感じています。あなたが感謝しているのは、どんな仕事に対してでしょうか？

Q5 これまでの人生で世の中に対する怒りを感じたことは何ですか？

　あなたはこれまで、社会のどんなことに怒りを感じてきましたか？

　怒りとは、現状に対する不満です。「もっとこうしてよ！」と現状に対して、物足りなさを感じるから、怒りが生まれます。あなたが怒りを感じる分野を少しでも良くするために働くことはできないでしょうか？

　クライアントのSさんは「自分の身近な人が、性格が悪い負のオーラを撒き散らす人に幸せを奪われていること」に怒りを感じると言いました。つまりSさんは人間関係にこだわりがあり、興味があるということです。そんなSさんは現在、人間関係を良くするノウハウを発信する仕事をしています。

　「好きなこと」の定義通り、「どうすれば人間関係が良くなるのか？」という興味を持っているので、自然と学び、より成長できるようになっていくのです。あなたが社会に対して怒りを感じることは何でしょうか？

　その分野で働くことは、自然とモチベーションが上がるため、とてもおすすめです。

　質問に答えることで、あなたの好きな分野は見つかったでしょうか？　もっと質問に答えたい場合は、巻末特典の質問に答えてさらに好きなことを探ってみてください。

CHAPTER

7

「本当にやりたいこと」を決めて
「本当の自分」を生き始める

「将来のため」に生きるのを今すぐやめよう

　いよいよこの章で、ここまで集めたピースを組み合わせて、あなたの「本当にやりたいこと」を決めていきます。

　しかし、ここまで本書を読んで、**「なんだか今回も『やりたいこと』が見つからなそうだな。とりあえず将来役に立ちそうなスキルでも身につけておくか」**と考え始めている人はいないでしょうか？

　僕はそんな方に対して「いつまで将来の可能性の中に生きるの？」と聞きたいです。

　先日「『やりたいこと』が分からないなら、とりあえず将来のためにプログラミングを勉強しておいた方がいいよ。これからの需要も増えて収入も保てるからおすすめ」と言っている人がいました。

　僕はこの発想は非常に危険だと感じます。これは学校教育で繰り返し聞かされた、**「将来のためになるからとりあえず勉強しておきなさい」**と言っているのと全く同じです。

　良い大学に入るために勉強して、良い就職先に入るために就活して、そして次は将来のためになりそうなスキルを学びますか？

　今あなたは仕事に満足できていますか？

　まだ満足できていないから、本書を手に取ってくださったのでしょう。それなのにいつまで将来のために生き続けるのでしょうか？

　僕自身も大学に入学したのは「将来のためになりそうだからとりあえず」という理由でした。けれど明確な学びたいことがあったわけではなく、大学生活が充実していたという実感は全くありません。

CHAPTER
7

あなたが今「やりたいこと」が分からず迷走しているとしたら、それは自分と向き合うのをずっと先延ばしにしてきたからです。

　「まずは役に立ちそうなことを勉強して、それから『やりたいこと』が見つかったらいいな」と考えているからです。

　しかし、ここで考え方を根本的に変えましょう。将来のために可能性を残して生き続けるのはもう終わりにしましょう。将来のためではなく、今一番やりたいと感じることを見つけて取り組んでください。

　将来のために生きるよりも、今一番やりたいことに本気で向き合っているうちに、ずっとあなたは成長します。

　そしてもっと「やりたいこと」が見つかった時には、その成長した自分で挑戦することができます。

　あなたがやるべきことは、今一番やりたいことをここで決めることです。

> **POINT**
>
> ## 「やりたいこと」を決めるのを
> ## 先延ばししてはいけない

「やりたいこと」は「仮説」でいい根拠

　今一番やりたいことを決めてしまえば、そこから人生が動き始めます。

最初は仮決めで大丈夫です。やりながら、よりしっくりくる「本当にやりたいこと」にブラッシュアップしていきましょう。

　しかしそれは、闇雲に「『やりたいこと』を見つけるためにはとにかく行動だ！」と動き回るのとは全く別物です。

　仮説がないまま思いつきで行動しても、それで「やりたいこと」が見つかることはほぼありません。それは単なるギャンブルで、宝くじを買って大金持ちを夢見るのと何ら変わりません。

　思いつきで行動し続けて10社以上転職をして、ジョブホッパーになってしまった人に話を聞いたことがありますが、驚くほど自分のことを知りませんでした。なんとなく仕事が嫌だと思い、なんとなく転職していただけなのです。それではいくら転職を繰り返しても本当にやりたいことにはたどり着けません。

　そういう状態になってしまうのは、自分の過去を振り返って、自分を知ることを怠ってきたからです。

　大事なのは「仮説を立てて、行動し、振り返って、次に活かすこと」です。

　正直に言うと、僕はこの自己理解を伝えるという仕事を始めた当時「あまり面白くないな」と思っていました。「『やりたいこと』をやっているはずなのに、なんで面白くないんだろう」と感じていたのです。

　よく考えてみればその原因は明らかでした。「『好きなこと』だけど、『得意なやり方』ができてなかった」からです。僕は「自己理解」という分野は大好きでした。けれど、自己理解のサポートを仕事にし始めたばかりの時にやっていた「クライアントの話を聞く」とい

うやり方は、僕の「得意なこと」ではなかったのです。

　当初はカフェで1対1で向き合って、相手の話を聞きながら引き出すということをやっていました。その話の中から、相手の「やりたいこと」を引き出していくというスタイルです。

　ですが、「ウンウン」「ウンウン」とうなずきながら、相手の話を聞くことは僕にとって大の苦手分野です。「聞く」よりも「喋る・書く」方が圧倒的に「得意なこと」です。そこに気づいた僕は、「自己理解」という分野はそのままに、仕事のやり方を変えました。

　「好き」を固定したままで、自分の「得意」に働き方を修正したのです。

　具体的には何をしたかというと、人の話を聞かなくていいように「セミナー」というスタイルに変えました。30〜50人を前に、自己理解の理論を話して、参加者同士で対話式ワークをしてもらうセミナーです。これなら、クライアントの話を深く聞く必要はありません。

　けれど、セミナーをやっていて、当初は楽しかったのですが、徐々にまた苦痛になってきてしまいました。その原因は「同じことを毎回話す」というやり方です。

　僕は同じことを繰り返すのは大の苦手です。それが原因でコンビニバイトもクビになっています。「セミナー」という形のまま、自分が新鮮さを感じて楽しめるように、毎回新しいことを話そうともしてみました。けれど毎週やっているセミナーでその度に新しい内容やスライドを考えることは難しく続きませんでした。

　そして、またそこに気づいた僕は「自己理解」という分野はその

ままに、仕事のやり方を変えました。同じことを何度も話すのが苦手だったので、一度カメラに向かって話せばそれを何度も見てもらえる動画プログラムを作成することにしました。

　今行っているのは、自己理解を体系立てた動画プログラムを受講してもらい、つまずいたポイントをメッセージで相談してもらうというやり方です。

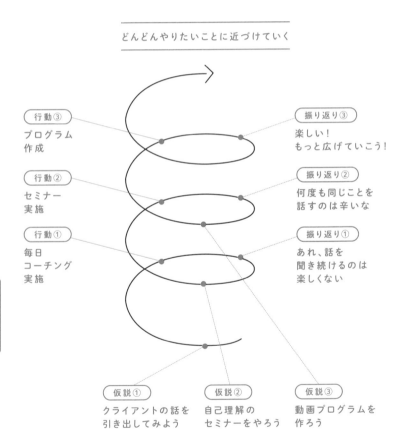

どんどんやりたいことに近づけていく

（行動③）
プログラム
作成

（行動②）
セミナー
実施

（行動①）
毎日
コーチング
実施

（振り返り③）
楽しい！
もっと広げていこう！

（振り返り②）
何度も同じことを
話すのは辛いな

（振り返り①）
あれ、話を
聞き続けるのは
楽しくない

（仮説①）
クライアントの話を
引き出してみよう

（仮説②）
自己理解の
セミナーをやろう

（仮説③）
動画プログラムを
作ろう

これなら「人の話を聞く」や「同じことを何度も話す」という僕の苦手なやり方を全て避けることができます。

　「好き」に軸足を置いて、「得意」をずらしていくという試行錯誤を積み重ねることで、今は「好き」と「得意」がピッタリと合ったやりたいことができています。

　このように「やりたいこと」とは「好きなこと」と「得意なこと」の掛け合わせです。

　そしてこの２つのピースが、いきなりカチッとハマることは滅多にありません。実際に働いてみている中で、試行錯誤しながら寄せていくものです。

　ですので、あなたに知っておいて欲しいことは、この先見つける「やりたいこと」も仮説に過ぎないということです。

　実際にやってみて、違和感を感じたら、ちょっと立ち止まり、修正してみてください。その繰り返しで「本当にやりたいこと」に近づいていくことができます。また、その働き方の何が良くて何が嫌なのかは、「価値観がズレているのか？」「『得意なこと』からズレているのか？」「『好きなこと』からズレているのか？」と３つの視点で考えればすぐに分かります。

> **POINT**
>
> ## 行動して修正し、どんどん
> ## 本当の「やりたいこと」に近づけていく

「本当にやりたいこと」を決断する2ステップ

　それでは、あなたの「本当にやりたいこと」の叩き台となる「やりたいことの仮説」を立てましょう。と言っても、簡単です。ここまで本書を読み進めているなら、あなたの「本当にやりたいこと」を組み立てるためのピースは揃っているからです。あとはそのピースを上手く組み合わせて、1つの形にすればいいだけです。

-work STEP 1-
好き×得意で「やりたいこと」の仮説を立てる

　まずは、ここまでで見つかったあなたの「好きなこと」と「長所」を並べて書き出しましょう。掛け合わせる長所は「◎」をつけたものをメインにしてください。

　その他の長所は、補助的なものとして「やりたいこと」を進めていく中で利用していきます。

　それを自由に組み合わせて、「やりたいこと」を作り出していきましょう。ここでは「質より量」です。絞るのは次のステップになります。なんとなく面白そうだと感じるなら、どんどん掛け合わせて書き出していきましょう。そうは言っても、どうやればいいのかなかなか分からないと思うので、僕の例を紹介しておきます。

例えば、僕の場合は好きなこととして、

・自己理解
・ボードゲーム
・ファッション

がありました。それを自分の「長所」である、

得意なことの「長所使い」パターンまとめ（10個以上）

◎	1	尊敬できる人を見つけて、真似する
◎	2	練習ではなく本番を増やす
○	3	納得できる戦略を立てることに時間を使う
◎	4	成果が目に見えるように可視化する
◎	5	成功か失敗かが明確な目標を立てる
○	6	今の自分から考えずに、大きな理想を描く
◎	7	どこまでも満足せずに質にこだわる
◎	8	自分・他人の強みに気づいて活用する
◎	9	新しい事業を立ち上げる
◎	10	新しいことを学び続ける
○	11	人が楽しめるための仕組みを作る
○	12	ハマったことに徹底的に時間を使う
◎	13	今の目標に必要のないものを削ぎ落とす
◎	14	情報を整理して体系立てて説明する
○	15	言葉で人の背中を押す
○	16	人に注目される舞台があると力を発揮する
◎	17	ワクワクするアイディアを考える
○	18	尊敬できる友人と信頼関係を築く
◎	19	自分の成功体験を伝えて、生き様を見せて巻き込む
◎	20	不特定多数に届けるための仕事をする

と掛け合わせて、「やりたいこと」を考えてみました。

とにかくできそうなことを書き出してみた結果、こんな仮の「やりたいこと」リストが完成しました。

・自己理解を体系立てて伝える人

　(好き)自己理解×(得意)新しいことを学び続ける、情報を整理して体系立てて説明する、不特定多数に届けるための仕事をする

・自己理解を学んで人前で教える人

　(好き)自己理解×(得意)練習ではなく本番を増やす、言葉で人の背中を押す

・自己理解を研究する人

　(好き)自己理解×(得意)新しいことを学び続ける、ワクワクするアイディアを考える

・ビジョンの実現をサポートする戦略コンサルタント

　(好き)自己理解×(得意)納得できる戦略を立てることに時間を使う、自分・他人の強みに気づいて活用する、言葉で人の背中を押す

・独立したい人向けの起業コンサルタント

　(好き)自己理解×(得意)納得できる戦略を立てることに時間を使う、自分・他人の強みに気づいて活用する、言葉で人の背中を押す

・教育系のボードゲームをどんどん作る人

　(好き)自己理解、ボードゲーム×(得意)新しい事業を立ち上げる、情報を整理して体系立てて説明する、ワクワクするアイディアを考える、どこまでも満足せずにこだわる

・教育系ボードゲームの作り方を教える人

　(好き) 自己理解、ボードゲーム × (得意) 自分・他人の強みに気づいて活用する、成功か失敗かが明確な目標を立てる、ワクワクするアイディアを考える

・教育系のおもちゃを遊んで比較紹介する人

　(好き) 自己理解、ボードゲーム × (得意) 情報を整理して体系立てて説明する、言葉で人の背中を押す

・ボードゲームについて発信する

　(好き) ボードゲーム × (得意) 情報を整理して体系立てて説明する、不特定多数に届けるための仕事をする

・自分のタイプに合わせた服装を教えるファッションコンサルタント

　(好き) ファッション、自己理解 × (得意) 自分・他人の強みに気づいて活用する、ワクワクするアイディアを考える

・ファッションデザイナー

　(好き) ファッション、自己理解 × (得意) ワクワクするアイディアを考える、どこまでも満足せずにこだわる

・プロボードゲーマー

　(好き) ボードゲーム × (得意) 練習ではなく本番を増やす、成功か失敗かが明確な目標を立てる

　見ていただいたように、掛け合わせ方は自由です。「こんなことできない」と可能性を否定せずに書いてみましょう。「好きなこと」も「得意なこと」もいくつ掛け合わせてもらっても大丈夫です。

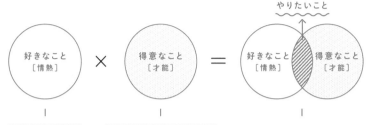

八木仁平の例

| 好きなこと [情熱] | × | 得意なこと [才能] | = | やりたいこと ↑ 好きなこと [情熱] / 得意なこと [才能] |

好きなこと [情熱]
―

・自己理解

・ボードゲーム

・ファッション

得意なこと [才能]
―

・新しいことを 学び続ける

・情報を整理して 体系立てて説明する

・不特定多数に届ける ための仕事をする

・練習ではなく 本番を増やす

・言葉で人の背中を押す

・納得できる戦略を 立てることに時間を使う

・自分・他人の強みに 気づいて活用する

・新しい事業を 立ち上げる

・ワクワクする アイディアを考える

・どこまでも満足せずに こだわる

・成功か失敗かが 明確な目標を立てる

やりたいこと
―

・自己理解を 体系立てて伝える人

・自己理解を学んで 人前で教える人

・自己理解を研究する人

・ビジョンの実現をサポート する戦略コンサルタント

・独立したい人向けの 起業コンサルタント

・教育系のボードゲームを どんどん作る人

・教育系ボードゲームの 作り方を教える人

・教育系のおもちゃを 遊んで比較紹介する人

・ボードゲームについて 発信する

・自分のタイプに合わせた 服装を教える ファッションコンサルタント

・ファッションデザイナー

・プロボードゲーマー

もし、掛け合わせとしてはしっくりこなくても、思いついたやりたいことがあればそれも「やりたいこと」のリストに入れておきましょう。ここはまず質より量で、「やりたいこと」を書き出してください。

-work STEP 2-

「仕事の目的」で「やりたいこと」を絞る

「やりたいこと」が決まっても上手く仕事にならない人の共通点は「自分の『やりたいこと』をやるのに必死すぎて、仕事の目的を考えていない」という点です。

仕事でお金を受け取ることができるのはお客さんに価値を与えて「ありがとう！」と思われた時です。「お金＝ありがとう」と考えてください。「家に住まわせてくれて安心できてます！　ありがとう！」と家賃を払って、「電気を作ってくれて便利です！　ありがとう！」と電気代を払って、「初めてこんな美味しいご飯食べました！　感動です！　ありがとう！」と飲食代を払って僕たちは日々生きています。つまり、仕事とは「ありがとう」の交換です。

CHAPTER

7

あなたは人からどんな「ありがとう」を受け取りたいですか？
これが定まってないと、あなたの仕事は上手くいきません。「やりたいこと」で上手くお金を稼げない人は、自分が「やりたいこと」をやるのに必死で、人にどうやって「ありがとう」と言ってもらいたいかを考えられていません。

　あなたの「やりたいこと」に人はお金を払いません。あなたの「やりたいこと」をした結果として、与えられる価値にお金を払ってくれます。

　例えばあなたが服を作るとしたら、お客さんは「服を身につけて"自信"を持っている自分」を買っているかもしれません。

　僕のお客さんは自己理解の知識を買ってくれるのではなく、「仕事に"夢中"になっている自分」を買ってくれています。

　「『やりたいこと』をやる」というのは、自分だけの視点です。しかし、仕事にはお客さんがいます。お客さんがいるからこそ、ずっと飽きずに仕事ができます。僕自身、自己理解を学ぶのはもちろん楽しいです。しかし「お客さんの悩みを解決するための学びを得よう！」と考えた時に、モチベーションは自分のためだけに学ぶよりも、より高まります。

　あなたの仕事が上手くいかなかったり、飽きてしまうのは、自分のことしか考えていないからです。つまり、あなたが「やりたいこと」を通じて関わった人に価値を与えられた時に仕事としても上手く行き、生きがいにも繋がる「本当にやりたいこと」になるのです。あなたは関わってくれた人に、何と言ってもらえたら嬉しいでしょうか？

僕は「あなたのおかげで働き方の迷いが消えて仕事に夢中になれるようになりました！　ありがとうございます！」と言われることを目指して仕事をしています。前述の通りこれは、あなたの価値観と関係しています。

　そして、たくさんの「やりたいこと」の中から、あなたの「本当にやりたいこと」を選び出すためのフィルターがこの「仕事の目的」です。

　例えば僕は前述の通り他にも「やりたいこと」があります。しかし目的である「夢中な人を増やす」ためには「自己理解を体系立てて伝えること」が最も適していると感じたため、自己理解を伝えることにしました。

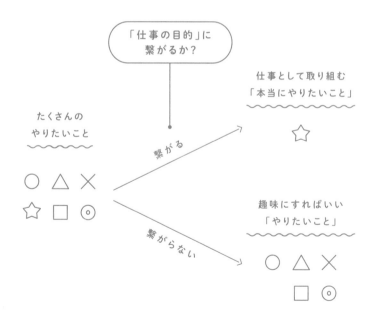

八木仁平の例

やりたいこと

好きなこと
[情熱]

×

得意なこと
[才能]

＝

好きなこと
[情熱]

得意なこと
[才能]

|

|

|

・自己理解

・新しいことを
学び続ける

・自己理解を
体系立てて伝える人

・ボードゲーム

・情報を整理して
体系立てて説明する

・自己理解を学んで
人前で教える人

・ファッション

・不特定多数に届ける
ための仕事をする

・自己理解を研究する人

・練習ではなく
本番を増やす

・ビジョンの実現をサポート
する戦略コンサルタント

・言葉で人の背中を押す

・独立したい人向けの
起業コンサルタント

・納得できる戦略を
立てることに時間を使う

・教育系のボードゲームを
どんどん作る人

・自分・他人の強みに
気づいて活用する

・教育系ボードゲームの
作り方を教える人

・新しい事業を
立ち上げる

・教育系のおもちゃを
遊んで比較紹介する人

・ワクワクする
アイディアを考える

・ボードゲームについて
発信する

・どこまでも満足せずに
こだわる

・自分のタイプに合わせた
服装を教える
ファッションコンサルタント

・成功か失敗かが
明確な目標を立てる

・ファッションデザイナー

・プロボードゲーマー

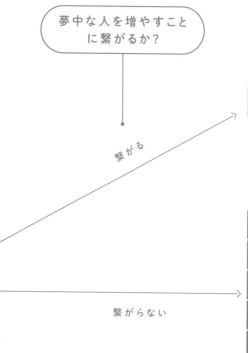

夢中な人を増やすこと
に繋がるか？

繋がる

繋がらない

仕事として取り組む
「本当にやりたいこと」

・自己理解を
　体系立てて伝える

趣味にすればいい
「やりたいこと」

・自己理解を学んで
　人前で教える人

・自己理解を研究する人

・ビジョンの実現をサポート
　する戦略コンサルタント

・独立したい人向けの
　起業コンサルタント

・教育系のボードゲームを
　どんどん作る人

・教育系ボードゲームの
　作り方を教える人

・教育系のおもちゃを
　遊んで比較紹介する人

・ボードゲームについて
　発信する

・自分のタイプに合わせた
　服装を教える
　ファッションコンサルタント

・ファッションデザイナー

・プロボードゲーマー

人は自分の欲求を捨てて、人のために尽くし続けることはできないからです。ですので、まずは目一杯自分の欲求を満たしましょう。自分が満たされたら、自然と周りの人にも目が向き始めます。そうやって、自分事として考えられる範囲を広げていくのが「成長」です。

　僕自身も、現時点では世界情勢がどうとかなど全く考えられません。ですが、成長していってそんな規模で考えられるようになりたいと思います。

　まずは自分の価値観を満たす。次に家族を満たす。次に友達を満たす。次に会社を満たす。次に業界を満たす。次に日本を満たす。最後に世界を満たす。そうやって広げていくものです。

　あなたが持っている価値観の中で仕事を通じて、周りの人、地域、日本、世界に広めていきたいとウズウズする価値観はどれでしょうか？

　それがあなたの「仕事の目的」になります。「仕事の目的」がはっきりすれば、あなたの「本当にやりたいこと」は自然と導き出されるのです。

CHAPTER

「人生を劇的に変える」自己理解の魔法

「やりたいこと」を実現する手段を見つける方法

　「やりたいことの手段は考えなくていい」と伝えてきました。あなたの「本当にやりたいこと」が見つかった今、これからすべきなのは「本当にやりたいことを実現している自分」と「今の自分」の差を埋めることだけです。その差を埋めるための実現手段を探し始めましょう。

　実は、「やりたいこと」が見つかれば、自然と実現手段が見つかり始めます。

　「カラーバス効果」を知っていますか？　カラーバス効果とは、自分が意識している情報は、自然と目に飛び込んできやすくなるという心理現象のことです。「周りにある赤い物を見つけてください」と言われると、今まで気づかなかった赤いものが見えてくるという

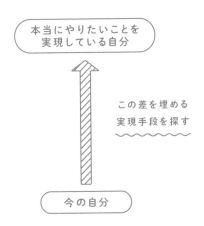

ものです。

　このカラーバス効果は「やりたいこと」の実現手段にも同じことが言えます。まず「やりたいこと」を定めれば、カラーバス効果が効き始め、あなたの「やりたいこと」の実現に必要な情報がどんどん集まってくるようになります。**世の中の情報を見る時に「自分の『やりたいこと』に役立つ情報はないだろうか？」というアンテナが立ってどんどん情報が集まってくるようになる**のです。

　僕自身「自己理解を体系立てて伝えて夢中な人を増やす」と決めた時は、どうすればいいか全く分かっていない状態でした。けれど、頭の片隅に置いたまま日々を過ごしていました。

　そうすると、ある日読んでいた本の中の「講座型のプログラムの広げ方を教えています」という文章が目に飛び込んできたんです。

　「これだ！」と思った僕は、その本の著者のセミナーにすぐに参加して、プログラムの作り方を教えてもらうことにしました。

　そしてその出会いから１年足らずで、年間200人ペースで受けてもらえるプログラムを作ることができました。

　あなたも自転車の乗り方が分からなかった時は、既に自転車に乗れる親から教えてもらって乗れるようになりませんでしたか？　同じように「やりたいこと」の実現方法も既にできている人から学べばいいのです。

　これは僕だけではなく、自己理解プログラムを終えたクライアントに共通して起きる現象です。

　例えば「森林を通して自分と向き合い、身体と心をコントロールできるようになる人を増やす」という「やりたいこと」を掲げたH

さんもそうです。調べてみると森林に関わる仕事をしている人が世の中には無数にいることに気づいて、実現手段がどんどん見えてきました。そして調べているうちに「森林浴プログラムを提供する人を養成する講座」に出会いました。

Hさんは見つけた時に「これは私が求めていたものだ！　運命的！」と思い、即受講を決めたそうです。自分の「やりたいこと」を決めれば、この運命的な感覚が頻繁に訪れるようになります。

まだ「本当にやりたいこと」の実現手段が見えていないとしても、それはあなたが知らないだけです。今すぐ「本当にやりたいこと」というアンテナを立てて、積極的な情報収集を始めてください。早いと1週間、長くても1ヶ月探していれば実現手段は見つかります。

「本当にやりたいこと」はあなたの中から見つけるしかありませんが、その実現手段は社会に溢れているのです。ここから先は社会の中から実現手段を見つけて、どんどん「本当にやりたいこと」を仕事にしていってください。

> **POINT**
> **「やりたいこと」を決めれば、**
> **実現手段は自然と見つかる**

自己理解の技術を身につければ、
あなたは今後二度と失敗しない

　僕は、自己理解は魔法のようなものだと感じています。それは自己理解のやり方を身につけることで、人生の全ての経験が「学び」に変えられるからです。

　「失敗」も「後悔」も、全てを学びに変えることができるのが「自己理解」という魔法の杖なのです。

　僕がコンビニバイトをクビになった失敗経験は、人から指示されて決められた作業をこなすのがとても苦手だということを学べた成功経験になりました。会社を起こして大好きな人とだけ関わって自由に生きられるようになったのはこの経験のおかげです。

　ヒッチハイクを100回やったけれど全く人見知りが改善されなかった失敗経験は、「1人で物事に没頭できる」という長所に変わりました。ブログをコツコツ書き、本を出版することができたのも、「1人で物事に没頭できる」という長所に気づいたからです。

　お金のために興味のないブログ記事を書き続けて鬱状態になった経験から、「『好きなこと』を仕事にしなければいけない」という確信が生まれました。自己理解を仕事にしていく中でも折れずに続けて来られたのはこの経験があったからです。

　逆に、失敗や後悔など過去のネガティブな経験から目を逸らしている人は、人生が平坦なままです。

　学びの宝庫である過去のネガティブ経験に蓋をして、前だけ向い

CHAPTER

8

ていてはその中にある学びを得ることはできません。

　過去のネガティブな経験は「ウニ」のようなものです。黒くてトゲがあり、近寄るのが怖いし怪我をしそうで面倒くさい。けれど一度殻を剥けば、中には濃厚な身が詰まっています。

　このウニの殻を開けて、中から極上の身を取り出す技術が「自己理解」なのです。

もちろん僕も当時はどの経験もとても辛かったですし、将来に活きるだなんて考えることはできませんでした。

　辛い状況にいる人に対して「前を向いて！　その経験が必ず役立つよ！」と言うつもりはありません。

　しかしその辛い状況が落ち着いて、次の一歩を踏み出そうと気持ちがちょっと前向きになってきた時。自己理解を通じて、辛い経験から学ぶことができれば人生は確実に右肩上がりになります。

　それは、過去の失敗から学ぶことで、同じ失敗を繰り返すことがなくなるからです。

　自己理解をすることによって、人生経験が何倍もの速度で積み上がっていくようになるからです。

そして気づいたときには、昔の自分からは想像もできないような充実した毎日を送れるようになります。

そうなったときには、もう過去の失敗や後悔は全て、今の自分を作っている「学び」になっているでしょう。

> ·····**POINT**····················
>
> ### 失敗や後悔は自己理解で
> ### 全て「学び」に変わる

成功とは「目標を達成」することではない。
「自分らしい今この瞬間」を生きることが成功だ

僕は本当の意味での「成功」は何か大きな目標を達成することではないと考えています。そうではなく、自分らしいと感じられる今この瞬間を生きることこそが「成功」です。

「お金を稼げば成功」「人から認められれば成功」という自分の外側の基準に縛られていないでしょうか？ この仕事でお金を稼げば、成功して幸せになれる。これは幻想です。僕もお金が大好きです。会社の売り上げがどうすれば伸びるかを考えるのも大好きです。

それはお金という数値は、自分が社会に対して与えた価値を数値化してくれているものだからです。学生にとってのテストの成績が、社会人にとっては収入だと僕は思っています。

今後もこの数字を大きくしていって、自分が及ぼせるポジティブな影響をどんどん広げていきたいと強く感じています。

　しかし、それは「自分に嘘をつかないやり方で」という条件付きです。大学卒業後「月100万円稼ぐぞ！」という目標を立てていた時期に、自分に嘘をついてお金を稼いでしまったことがありました。それは、ブログのお問い合わせページから来た「この商品をブログで紹介してくれたら10万円お渡しします」という仕事内容でした。当時の僕はとにかく月100万円という目標金額を稼ぐためになら、何でもやるという気持ちだったので、迷わず引き受けたんです。しかし、その商品の記事を書いているうちに、心にモヤモヤしたものがあることに気づきました。

　そのモヤモヤを無視して、ブログ記事を書き上げました。記事を公開したら、たくさんの読者に読まれました。依頼していただいた方も反応がいいことに喜んでくれました。しかし、僕も心のモヤモヤは消えません。原因は明らかでした。

　僕が心から「おすすめしたい！」と思って書いた記事ではなかったことを、僕自身が一番分かってしまっていたからです。

　その時に気づきました。本当の幸せとはお金や名誉を手に入れることではないことに。今この瞬間に、やっていることに対して充実感を感じていれば幸せであり、人生の成功です。

　いくら稼げていても、自分に嘘をついて心がモヤモヤしていたら失敗です。

　僕はその経験から、ブログで商品を紹介して生活する「ブロガー」という働き方を捨てることを決意しました。

商品を購入した後の責任も取れないような他人の商品を紹介して生きるのではなく、自分で本当におすすめしたい商品を作って売るという生き方にシフトすると決めました。

　収入は一時的には落ちましたが、自分に嘘をついて生きているモヤモヤから解放され、自分自身に胸を張れる生き方が手に入りました。

　もちろん自分に嘘のない仕事をした結果、お金や名誉などがついてくればそれは嬉しいことです。

　しかし、それと同時にそれらの結果とはおまけのようなものだとも思います。自分らしく生きられれば、その時点で成功です。その上で結果も出れば、大成功です。ですので、本書では、自分らしく生きる方法と、自分らしいままで結果を出す方法をお伝えしました。今この瞬間が自分らしくいられて幸せだと感じていて、その積み重ねの先に結果が出たとしたら喜べばいいですし、結果が出なかったとしてもそれは失敗ではありません。

　目標を達成できなければ失敗なのだとしたら、ほとんどの人の人生は失敗に終わってしまいます。

　オリンピックで金メダルを取れるのは各種目で1人しかいません。けれど、自分らしく生きることは誰にでもできます。そして、人と競う必要もありません。

　結果を出すのに時間はかかりますが、自分に嘘をつかずに生きると決意することは今この瞬間にできます。他人から認められなくても、お金があまり稼げなくても、あなたが自分に嘘のない生き方ができて、モヤモヤから解放されているなら、それは「成功」です。

できるだけ早くやりたいこと探しから「脱出」し
「夢中な自分」を手に入れてください

　自己理解は、重要なことですが緊急ではないため、多くの人にとっては優先順位が低いことだと思います。

　別に自己理解をやらなくても、死ぬことはありませんから。けれど「本当にやりたいこと」を見つけて、仕事にしていきたいと感じているなら、自己理解は最高の手段です。あくまで「手段」です。目的はあなたが自分の人生に夢中になってもらうことです。

　僕は自己理解オタクなので、自分と向き合っている時がとても楽しいのですが、ほとんどの人にとってはそうではないでしょう。

　一番楽しいのは、自己理解を終わらせた後の人生です。

　「本当にやりたいこと」が分からない状態は、ゴールのないマラソンを走っているような感覚でしょう。何でマラソンを走っているのかも分からないので、モチベーションが湧きようもありません。

　自己理解すると人生がゲームのようになります。仕事がしたくて朝は自然と目が覚めるし、夜はもっと仕事をしたいのをガマンして

寝るようになります。

　僕は中学時代にオンラインゲームにハマりすぎて放課後とお小遣いを全部注ぎ込んでいましたが、まさに今、同じように仕事に対して夢中な状態です。「嫌だけど生活費のためにコンビニバイト行かなきゃなー」と思っていた自分からは想像できない状態になりました。

　あなたの持っているポテンシャルは「本当にやりたいこと」を決めて「夢中」になることで解放されます。それは自己理解をすれば、たどり着きたい場所が決まり、その方向にエネルギーを集中させることができるようになるからです。周りの人が複雑な社会の中で迷っている中、あなたはどんどん成長して結果が出るという右肩上がりの人生を送ることができるようになるのです。

　だから最後に伝えたいのは、「さっさと自己理解で『やりたいこと』探しを終わらせてください」ということです。

　僕は「やりたいこと」探しを始めてから、300万円と2年半の時間を投資してようやく、「これが『本当にやりたいこと』だ！」と感じる働き方を手に入れることができました。

　けれど、あなたはそんなお金と時間をかける必要はありません。僕が学んできたことを実践できるようこの本に方法をまとめてお伝えしたからです。このやり方を1つずつ進めていくことで、最速で「やりたいこと」探しを終わらせてください。

　僕は日本中で自己理解が当たり前になって、みんなが夢中になって生きている状態を思い描きながら本書を書きました。

　日本中が夢中に包まれるためには、まず本書を最後まで読んでく

ださったあなたから自己理解で夢中な生き方を実現して欲しいと考えています。

　そしてその夢中な生き方を周りの人にも伝えていって欲しいです。そうすれば、日本から世界へと広がっていって、全ての人が夢中に生きられる世の中が実現していきます。

　本書を参考にして、あなたが「本当にやりたいこと」に夢中な毎日を過ごせることを心より応援しています。

> **POINT**
> **「やりたいこと」探しを終わらせると、**
> **最高の人生がスタートする**

おわりに

「やりたいこと」探しを終わらせる、
自己理解実践ビジュアルフローチャート

　読み進めていく中で「今自分が何をすればいいか分からない」と
迷われる方も多いかもしれません。
　この本の「おわりに」として、「本当にやりたいこと」を見つけ
るためにやる必要のあることをフローチャート形式でまとめました。
次に何をすればいいか迷ったときには、ここに立ち返ってまた一歩
ずつ進み始めてください。
　自己理解であなたがやることはたった3つだけです。

1. 大事なこと（価値観）を見つける
2. 得意なこと（才能）を見つける
3. 好きなこと（情熱）を見つける

　この3つが明確になれば、それらを組み合わせた「本当にやりた
いこと」と、その「実現手段」は自然と見えてきます。

自己理解実践ビジュアルフローチャート

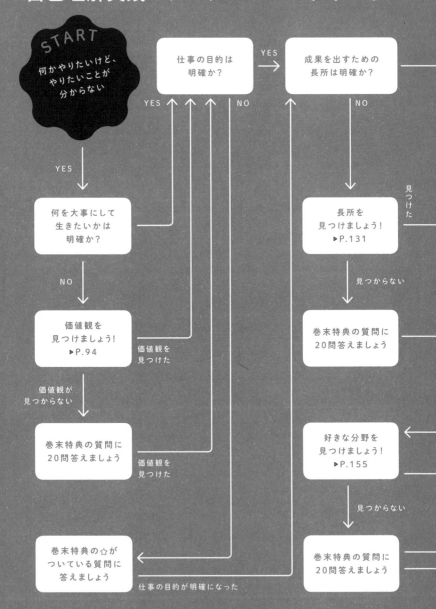

START
何かやりたいけど、
やりたいことが
分からない

仕事の目的は
明確か？

YES → 成果を出すための
長所は明確か？

YES ↑ ↑ ↑　NO

YES ↓

何を大事にして
生きたいかは
明確か？

NO ↓

見つけた

価値観を
見つけましょう！
▶P.94

価値観を
見つけた

長所を
見つけましょう！
▶P.131

価値観が
見つからない ↓

見つからない ↓

巻末特典の質問に
20問答えましょう

価値観を
見つけた

巻末特典の質問に
20問答えましょう

好きな分野を
見つけましょう！
▶P.155

見つからない ↓

巻末特典の☆が
ついている質問に
答えましょう ←

仕事の目的が明確になった

巻末特典の質問に
20問答えましょう

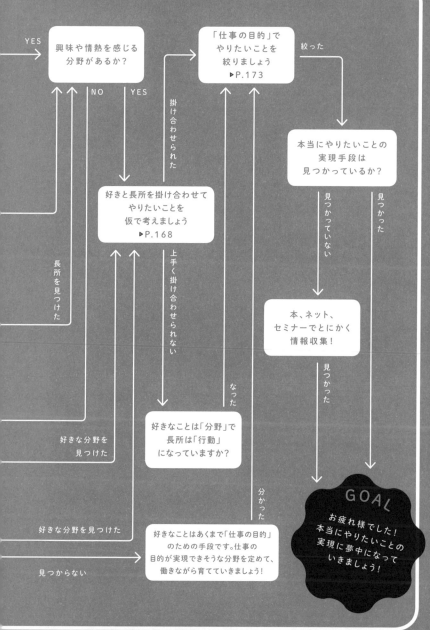

YES

興味や情熱を感じる
分野があるか？

NO　　YES

「仕事の目的」で
やりたいことを
絞りましょう
▶P.173

絞った

掛け合わせられた

本当にやりたいことの
実現手段は
見つかっているか？

見つかっていない　　見つかった

好きと長所を掛け合わせて
やりたいことを
仮で考えましょう
▶P.168

上手く掛け合わせられない

長所を見つけた

本、ネット、
セミナーでとにかく
情報収集！

見つかった

なった

好きな分野を
見つけた

好きなことは「分野」で
長所は「行動」
になっていますか？

分かった

好きな分野を見つけた

好きなことはあくまで「仕事の目的」
のための手段です。仕事の
目的が実現できそうな分野を定めて、
働きながら育てていきましょう！

見つからない

GOAL
お疲れ様でした！
本当にやりたいことの
実現に夢中になって
いきましょう！

謝辞

　最後に、本書が世に出るまで僕のやりたいことを後押ししてくれた人たちへ、感謝を伝えます。

　KADOKAWAの小川さん、常に読者目線で本書へのアドバイスをいただけたことで名実ともに「世界一やさしい」本が完成しました。僕が原稿に納得いかず丸ごと書き直す決断をした時など、急かさずにじっくりとサポートしていただき、本当にありがとうございます。納得いくまで本書を磨き上げられたのは、小川さんのおかげです。

　一番近くで見守ってくれていた妻の匡美。本を書き上げることしか頭になくなって、いつも本の話ばかりしている僕を温かくサポートしてくれてありがとう。

　妻と出会う前はジャンクフードまみれの生活をしていて、月に一度は風邪を引いていました。本の執筆中、一度も体調を崩さずに書き上げることができたのは毎朝毎晩美味しいご飯を作ってくれたからです。妻のおかげで、この本が書き上げられました。

　最後に誰よりも、人生の貴重な時間を使って、本書を読んでくださったあなたに感謝を贈ります。僕は、自己理解を活用して人生が良い方向に変化したという話を聞くのが大好きです。感想があれば「#せかやり」をつけてSNSでぜひ聞かせてください。

　しかし、本書を読んだだけでいつの間にか日々の生活に流されて

しまうことがあると思います。なので、この本をここまで読んでくださった方に向けて、自己理解を深めるための環境を用意しました。

　こちらのQRコードから登録して「book1」とメッセージを送ってくださった方だけに、

　1. 図解版『世界一やさしい「やりたいこと」の見つけ方』135ページ

　2. 大事なことを見つかる30の質問　回答例つき電子書籍152ページ

　3. 得意なことを見つかる30の質問　回答例つき電子書籍112ページ

　4. 好きなことを見つかる30の質問　回答例つき電子書籍174ページ

　5. 仕事の目的が見つかる10の質問　回答例つき電子書籍73ページ

　6. 大事なことの例100リスト持ち歩き用データ版

　7. 得意なことの例100リスト持ち歩き用データ版

　8. 好きなことの例100リスト持ち歩き用データ版

　9. 『世界一やさしい「才能」の見つけ方』図解電子書籍117ページ

　10. 未公開原稿「やりたいことが見つからない時にすべきこと」

　11. やりたいこと探し終了率98%の「自己理解プログラム無料カウンセリング」の招待

の11大特典をプレゼントします。

QRコードもしくはスマホでLINEを開いて「@yagijimpei」をID検索して申請してください(@をお忘れなく)。

※予告なく終了する可能性があります

　　皆さんが夢中に生きられることを心より応援しています!

　　　　　　　　　　　　　　　　　　　　　　　　　　八木仁平

巻末特典

大事なこと（価値観）を見つける **30**の質問 ……………

1
会った時に刺激を受ける人は誰ですか？
その人のどんなところに刺激を受けますか？
それがあなたの価値観と関係しています。

2
今の自分に一番大きな影響を与えている人は誰ですか？
その人のどんな行動・発言が自分に影響を与えていますか？

3
父親の生き方のどんなところが好きで、どんなところが嫌いですか？
自分の今の価値観は父親の価値観を反映していますか？
それとも反面教師にしていますか？

4
母親の生き方のどんなところが好きで、どんなところが嫌いですか？
自分の今の価値観は母親の価値観を反映していますか？
それとも反面教師にしていますか？

5
死んだ後に周りの人から、どんな人だったと言われたいですか？
そこからあなたのどんな価値観が分かりますか？

6
これまで読んできた本の中で、一番好きなものは何ですか？
その本のどこが好きですか？
そこからあなたのどんな価値観が分かりますか？

7
どんなことで感動しますか？
一番感動した出来事は何ですか？
そこからあなたのどんな価値観が分かりますか？

8
（自分が80歳になったつもりで □ に言葉を入れてください）
私は□を恐れることにあまりに多くの時間を使いすぎた。私は□のようなことにほとんど時間を使わずにきた。もし時を戻せるならこれからは□に時間を使って生きたい。そこから分かるあなたの価値観は何ですか？

9	職場や私生活で一番尊敬していない人は誰ですか？ その人の何が尊敬できませんか？ その人の反対に自分の価値観があります。
10	生まれてから小学生までで一番嬉しかった出来事は？ そこからあなたのどんな価値観が分かりますか？
11	これまでの人生での大きな決断と、 そのとき大事にしてきた判断基準は？ そこからあなたのどんな価値観が分かりますか？
12	これまでで一番人に誇れる経験は？ 人は価値観に沿った行動ができた時に誇りを感じます。
13	一番仲の良いor良かった友人は？　その友人の何が好き？ そこからあなたのどんな価値観が分かりますか？
14	これまでで一番努力した経験は？ あなたのモチベーション源となっている価値観は何？
15	好きなブランドは？　そこから分かる自分の価値観は？
16	あなたの興味のあることをリストアップしてください。 そこに共通している価値観はありませんか？

17 これまでの人生で一番許せないことは？
そこからあなたのどんな価値観が分かりますか？

18 最も幸福を感じるのはどんな時ですか？
そこからあなたのどんな価値観が分かりますか？

19 5年後、ここに書いたことが何でも実現しているとしたら、
自分はどうなっていたいですか？
そこからあなたのどんな価値観が分かりますか？

20 これまでした重大な決断は？
その決断のためにどんな要素を考慮に入れましたか？

21 仕事でもプライベートでも、あなたが誇りに思っていることは？

22 これまでの人生を振り返って答えてください。
あなたが人生で周りの人に与えたいと思っている影響は
何でしょうか？

23 今の時間の使い方は自分にとって意味が感じられますか？
何かが足りないとしたら、それは何が足りませんか？

24 職場や私生活で、どんな人たちを一番尊敬していますか？
その人たちのどんなところを尊敬していますか？

25	あなたが周りの人に貢献するために、分かち合えることは？	
26	これまでで最高の上司は誰ですか？ そう思うのは、その上司が何をしたからですか？ そこから分かるあなたの価値観は？	
27	これまでで最悪の上司は誰ですか？ そう思うのは、その上司が何をしたからですか？ そこから分かるあなたの価値観は？	
28	今はあるけれど、今後自分の人生に必要ないと感じるものは何ですか？ そこからどんな価値観が分かりますか？（例：愛想笑い・飲み会・暴飲暴食・頑張りすぎ）	
29	あなたが悪口を言いたくなったり、不満を感じるのはどんなことに対してですか？ 悪口を言えるのは、理想が見えていて、現状に不満があるからです。	
30	あなたが「○○だったらいいのに...」と感じることを10個挙げてください。自分、他人、組織、社会に対してなどどんな視点でも構いません。そこからあなたのどんな価値観が分かりますか？	

★は、価値観の中でも「仕事の目的」を考えるための質問

▷ 「大事・得意・好きを見つける30の質問」の
持ち歩きスマホ用データ
無料ダウンロードはこちら

得意なこと（才能）を見つける **30** の質問 ……………………………………

1
小さい頃から得意だったこと、昔は得意だったことは？
具体的なエピソードを小学生の頃を思い出して書いてください。
そこから分かるあなたの得意なことは何ですか？

2
意識しなくても上手くできることは何ですか？
具体的に教えてください。

3
これまでの人生で夢中になっていた時期を振り返ってください。
夢中になっていた時期はどんな環境にいましたか？

4
これまで周りの人から「ありがとう」と感謝されたことは？
具体的に教えてください。
そこから分かるあなたの得意なことは何ですか？

5
仲の良い人に「自分の弱みってなんだと思う？」と聞いてみてください。
耳が痛いと思いますが…。
その反対にあるあなたの得意なことは何ですか？

6
これまでで一番大きな挫折・後悔は何ですか？
挫折・後悔だと感じるのは力を入れていることだからです。
ここから分かる得意なことは？

7
自分の好きなところはどこですか？
自分の好きなところは、得意なことが関わっていることが多いです。

8
苦手なことは何ですか？
それを裏側から見るとどんな得意なことがありますか？

9	今の自分に足りていないと感じることは何ですか？ 具体的にどんな時にそれを感じますか？ それを裏側から見るとどんな得意なことがありますか？
10	これまでの人生で自然とできたこと、 やっていても全く苦なく楽にできたことは何ですか？ 自然とできることが得意なことです。
11	これまで「何でこんなこともできないの？」と周りの人に 思ったことは何ですか？　周りの人にそう思えてしまうのは、 あなたが当たり前にできる得意なことだからです。
12	これまでに周りの人からかけられた褒め言葉を書いてください。 それはどんな時にもらった言葉ですか？ そこから分かる得意なことは何でしょう？
13	人からどんな性格だと言われますか？ 何が向いていると言われますか？ そこから分かる得意なことは何ですか？
14	長い間抱えてきたコンプレックスや、悩みは？ 具体的にどんな経験からその悩みが生まれましたか？ その裏側にはどんな得意なことが隠れている？
15	どんな種類の作業なら、夢中になれますか？ 具体的に教えてください。 得意なことをしている時に人は夢中になることができます。
16	心のワクワク感を感じるのはどんな時ですか？ 具体的に教えてください。 得意なことをやっている時にはワクワク感を感じます。

17	休みの日は何をして過ごしますか？ 自然とやってしまうことがあなたの得意なことです。
18	親や先生によく注意されたことは何ですか？ 人から注意されるのは自分の飛び抜けているポイント。 そこから分かる得意なことは？
19	絶対にやりたくない仕事は何ですか？ そこから分かる苦手なこと・得意なことは何ですか？
20	長時間やっても苦にならないことは何ですか？ 得意なことは長い時間やっていても苦になりません。 （もちろん永遠にやり続けるのはしんどいです）
21	自分らしいと感じるのはどんな時ですか？ 得意なことをやっている時は自分らしさを感じます。
22	最近幸せを感じた1日は、どんな1日でしたか？ 得意なことをしている時は充実感を感じます。
23	一緒にいると「〇〇」と言われることはありますか？ それはあなたが無意識に人に与えているエネルギーです。 無意識に出てしまうものが得意なことです。
24	あまり努力をしていないのに周りの人から褒められたことは？

25	意識しなくても勝手にやっていることは何ですか？
26	モチベーショングラフを見返してください。 自分の人生で無意識にやっていたことは何でしょうか？ そこから分かるあなたの得意なことは何ですか？
27	ほかの人よりも早く、 もしくは上手くできるように思えるものは何ですか？ そこから分かるあなたの得意なことは何ですか？
28	どんなタイプの仕事をしているときに、 自分は一番生産的だと感じますか？ そこから分かるあなたの得意なことは何ですか？
29	やっていて心地よいことは何ですか？ そこから分かるあなたの得意なことは何ですか？
30	自分が飽きずにできたプロジェクトや仕事や活動はどんなものですか？ ハードルを上げすぎずに 10 個挙げてください。（「いつも本は読めないけれど○○の本だけは読むことができた」など具体的なものでもOK）

▷ 「大事・得意・好きを見つける30の質問」の
持ち歩きスマホ用データ
無料ダウンロードはこちら

※かならず199ページの注意事項をご確認ください。

好きなこと（情熱）を見つける**30**の質問 ················

1	仕事やお金のことを考えなくてもよかった頃、何が好きでしたか？
2	ワクワクするトピックスや、胸が熱くなるカテゴリーはありますか？
3	何をしている時に幸せを感じますか？ そこから分かるあなたの好きな分野は何ですか？
4	もしお金の心配がなく、どんなことでも仕事にできるとしたら 何を仕事にしてみたいですか？ できるできないという頭の判断を一旦抑えて答えてください。
5	周りの人に必ず尊敬されるとしたら、何を仕事にしてみたいですか？
6	これまで勉強してきた中で、面白かったことは何ですか？ そこから分かるあなたの好きな分野は何ですか？
7	今何について学んだり勉強したりしていますか？ そこから分かるあなたの好きな分野は何ですか？
8	小学生・中学生だった頃、大人になったらやりたいと思っていたこと は何ですか？　その仕事に魅力を感じていた理由は何ですか？ そこから分かるあなたの好きな分野は何ですか？

9	小学生の頃に夢中になっていた遊びは？ 誰かに言われなくても勝手にやっていたことは 純粋に好きなことです。
10	今新しくやってみたいことは何ですか？ そこから分かるあなたの好きな分野は何ですか？
11	これまで読んできた本の中で、一番好きなものは何ですか？ そこから分かるあなたの好きな分野は何ですか？
12	あなたが克服してきた悩み、 もしくはこれから解決したい悩みやコンプレックスは？ そこから分かるあなたの興味分野は何ですか？
13	今社会において問題だと感じることは何ですか？ そこから分かるあなたの好きな分野は何ですか？
14	これまでどんなことに人よりもお金を使ってきましたか？ そこから分かるあなたの好きな分野は何ですか？
15	家族や友人とどんなことを話すのが好きですか？ そこから分かるあなたの好きな分野は何ですか？
16	1週間休みがあったら何をしたいですか？ できるだけ具体的に書いてください。そこから分かる あなたの好きな分野は何ですか？

17	一般的には高価でも、自分には安く感じるものは何ですか？ そこから分かるあなたの好きな分野は何ですか？
18	やりたいけれど、まだやっていないことは何ですか？ そこから分かるあなたの好きな分野は何ですか？
19	趣味は何ですか？　小学生の頃、中学生&高校生の頃、 今の3つの時期で書いてください。趣味とはお金を貰わなくてもやって いることです。上手い下手に関わらず挙げてください。 そこから分かるあなたの好きな分野は何ですか？
20	よく検索することは何ですか？ 小学生の頃、中学生&高校生の頃、今の3つの時期で書いてください。 そこから分かるあなたの好きな分野は何ですか？
21	学校で好きだった教科は？ そこから分かるあなたの好きな分野は何ですか？
22	好き、もしくは好きだったテレビ番組は？ そこから分かるあなたの好きな分野は何ですか？
23	「これに出会えて救われた！」と 思えるもの・ジャンル・人はありますか？
24	家族や友人など、仲の良い人に 「自分ってどんな分野に興味がありそう？」と聞いてみてください。

25	「なんで？」「どうすれば？」など疑問を感じることは何ですか？ そこから分かるあなたの好きな分野は何ですか？
26	これまでの過去を振り返ってください。 自分が一貫して興味を持っているテーマは何ですか？
27	自分の「仕事の目的」を見返してください。 その価値観を実現できそうな分野は何ですか？ その分野に興味はありませんか？
28	自分が全く楽しめない プロジェクトや仕事や活動はどんなものでしたか？ そこから分かるあなたの興味がない分野は何ですか？
29	第三者のつもりになって考えてみてください。 普段自分はどんなことに興味を持っているでしょうか？
30	あなたがSNSでフォローしているのは、どんな分野の人たちですか？ 継続的に情報を集めている分野の中に、 あなたが強く興味を惹かれる分野があります。

▷「大事・得意・好きを見つける30の質問」の
持ち歩きスマホ用データ
無料ダウンロードはこちら

※かならず199ページの注意事項をご確認ください。

大事なこと（価値観）の 例 100リスト

1	発見	新しいものごとを見つけ出す
2	正確性	自分の意見や信念を正しく伝える
3	達成	何か重要なことを達成する
4	冒険	新しくてワクワクする体験をする
5	魅力	身体的な魅力を保つ
6	権力	他者に対して責任を持って指導する
7	影響	他人をコントロールする
8	自律	人まかせにしないで自分で決める
9	美	身の周りの美しいものを味わう
10	勝利	自分や相手に打ち勝つこと
11	挑戦	難しい仕事や問題に取り組む
12	変化	変化に富んだバラエティ豊かな人生を送る
13	快適さ	ストレスのない快適な人生を送る
14	誓約	絶対に破れない約束や誓いを結ぶ
15	思いやり	他者に心を寄せて助ける
16	貢献	世界の役に立つ
17	人助け	周囲の人の役に立つ
18	礼儀正しさ	他者に対して誠実で礼儀正しく接する
19	創造	新しくて斬新なアイディアを生む
20	信頼	信用があって頼れる人間になる
21	義務	自分の義務と責任を果たす
22	調和	周囲の環境と調和しながら生きる
23	興奮	スリルと刺激に満ちた人生を送る
24	誠実	関わった人にウソをつかず誠実に生きる
25	名声	有名になって存在を認められる

26	家族	幸福で愛に満ちた家庭を作る
27	タフネス	丈夫で強い身体を保つ
28	柔軟	新たな環境にも簡単になじむ
29	許し	他人を許しながら生きる
30	友情	親密で助け合える友人を作る
31	楽しさ	遊ぶことで人生を楽しむ
32	気前のよさ	自分の物を他人に共有する
33	信念	自分が正しいと思う通りに行動する
34	信教	自分を超えた存在の意思を考える
35	成長	良い方向への変化と成長を維持する
36	健康	健やかで体調よく生きる
37	協力	他者と協力して何かをする
38	正直さ	ウソをつかず正直に生きる
39	希望	未来に望みを持って生きる
40	謙遜	つつましい態度で生きる
41	ユーモア	人生や世界のユーモラスな側面を見る
42	独立	他者に依存しないで生きる
43	勤勉	自分の仕事に一生懸命取り組む
44	平穏	自分の内面の平和を維持する
45	親密	少数の人と密接な関係を築く
46	公平	全ての人を公平に扱う
47	知識	価値ある知識を学ぶ、または生み出す
48	余暇	自分の時間をリラックスして楽しむ
49	愛される	親しい人から愛される
50	愛慕	誰かに愛をあたえる

51	熟達	いつもの仕事・作業に習熟する
52	現在	今の瞬間に集中して生きる
53	慎み	過剰を避けてほどよいところを探す
54	ひとりに尽くす	唯一の愛し合える相手を見つける
55	反抗	権威やルールに疑問を持って挑む
56	面倒見の良さ	他人の面倒を見て育てる
57	オープンさ	新たな体験、発想、選択肢に心を開く
58	秩序	整理されて秩序のある人生を送る
59	情熱	何らかの活動に熱い感情を抱く
60	喜び	良い気分になること
61	人気	多くの人に好かれる
62	目的	人生の意味の方向性を定める
63	合理	理性と論理に従う
64	現実	現実的、実践的にふるまう
65	責任	責任をもって行動する
66	危険	リスクを取ってチャンスを手に入れる
67	ロマンス	興奮して燃えるような恋をする
68	安心	安心感を得る
69	受容	ありのままの自分と他人を受け入れる
70	自制	自分の行動を自分でコントロールする
71	自尊心	自己肯定感を持つ
72	自己認識	自分について深い理解を持つ
73	献身	誰かに奉仕して生きる
74	性愛	活動的で満足のいく性生活を送る
75	ミニマル	必要最低限のミニマルな暮らしをする

76	孤独	他人から離れて1人でいられる時間と空間を持つ
77	精神性	精神的に成長し成熟する
78	安定	いつも一定して穏やかな人生を送る
79	寛容	自分と違う存在を尊重して受け入れる
80	伝統	過去から受け継がれてきたパターンを尊重する
81	美徳	道徳的に正しい生活を送る
82	裕福	金持ちになる
83	平和	世界平和のために行動する
84	発揮	自分の能力を120％発揮して生きる
85	真理	真理、真実、哲学
86	気品	凛とした存在である
87	ありのまま	肩肘張らずそのままの自分でいる
88	熱中	目の前のことに深く集中する
89	努力	ある目的のために力を尽くして励むこと
90	納得	考え抜いて決断を行う
91	自由	何にも縛られず思うままに生きる
92	表現	自分を世界に対して表現する
93	ワンネス	自分よりも大きな世界との繋がりを感じる
94	工夫	もっといいやり方を常に探す
95	プロフェッショナル	結果に妥協せず取り組む
96	味わう	目の前のことを深く堪能する
97	余裕	時間やお金にゆとりがある
98	克服	困難なことを乗り越え成長する
99	仲間	同じ目的に向かう同志と過ごす
100	シンプル	簡素ですっきりした生活を送る

得意なこと（才能）の 例 100リスト

	長所使い	才能	短所使い
1	やり方を柔軟に変えて効率的に進める	より効率的な方法で実行する	変化がないと飽きる
2	大きなイベントを運営できる	たくさんのパーツを操る指揮者	ルーティンワークを嫌う
3	人材の配置が上手い	生産性の高い組み合わせを作る	周囲の人が混乱する
4	足りないスキルや知識を補える	改善する	変えられない性格を変えようとして疲弊する
5	問題の根本原因を突き止めて解決する	問題を解決する	解決すべき問題がないと途方に暮れる
6	問題から目を逸らさない	問題を見つけ出す	ネガティブになりすぎる
7	仕組み化して生産性を上げる	秩序立てる	急な変更に対応できない
8	必要なことを習慣化する	淡々と物事を進める	変化が苦手
9	計画に従って物事を確実に進める	計画を立てる	計画が狂うと苛立つ
10	公平感を与えられる	人を平等に扱う	えこひいきが許せない
11	ルールに従って正確に仕事を行う	ルールを守る	ルールが決まっていないと混乱する
12	みんなが納得できるルールを作る	平等なルールを作る	例外を許せない

	長所使い	才能	短所使い
13	じっくり検討して リスクのない 決断ができる	用心深い	判断基準がないと 悩み続ける
14	ミスをしない	慎重に計画を立てる	仕事のスピードが遅い
15	人の話を引き出す	自分のことを 打ち明けない	自己開示までに 時間がかかる
16	世のため人のために 行動する	倫理観が強い	納得いかない仕事に モチベーションが わかない
17	組織の方向性が ブレた時、本来の道に 軌道修正する	一貫性がある	頑固になる
18	お金のために動かず 人から信頼される	献身的	自分を 犠牲にしてしまう
19	周りの人から 信頼される	責任感がある	人の頼みを断れない
20	自分の役割をやり抜く	役割を重視する	役割が不明確だと 何をすればいいか 分からない
21	他人との約束を 必ず守る	約束を守る	周囲に対しても厳しい
22	どんどんタスクを 終わらせる	できるだけ 多くのことをこなす	やってきたことを 振り返れず 常に焦ってしまう
23	時間を無駄にしない	できるだけ 生産的で あろうとする	ワーカホリック 状態になる
24	チームを活性化できる	バイタリティがある	周りの人に 自分と同じ生産性を 求めて疲弊させる

	長所使い	才能	短所使い
25	優先順位を 明確にして取り組む	目標のために 役立つことだけやる	目標達成のために役立たない こと(人との関係、他の 楽しみなど)を無駄だと 切り捨てる
26	ゴールに向かって 一直線に進む	目標を達成する	ゴールが決まらないと モチベーションが 湧かない
27	道からそれている 人を修正する	目標に向かう 道筋が見える	目標外の発見を 見落としてしまう
28	行動から学ぶ	行動力がある	考える前に 行動してしまう
29	新しいことを どんどん始める	新しいことを 始める	しなくてもいい 失敗をする
30	周りの人を巻き込んで 行動を起こす	人の背中を押す	スピードの早さに 周りの人が疲弊する
31	ライバルがいると 燃える	勝つ	勝てそうにないと 諦める
32	数字など目に見える 成果があると 成果が出る	明確な基準で 評価されたい	数字にこだわって 目的を見失う
33	勝ってNo1に なりたいと思うと とことん努力する	No.1になりたい	勝つことにこだわって 目的を見失う
34	例え話などを使って 話に人を引きつける	巧みに言葉を使う	中身がないと 薄っぺらく思われる
35	言葉で人を 動かすことができる	言葉の力を 持っている	話を盛ってしまう
36	他人を奮い立たせるの が上手い	伝える力がある	人を コントロールしようとする
37	細部にこだわって 磨き上げる	現状に満足しない	細かい点が気になって 前に進めなくなる

	長所使い	才能	短所使い
38	理想を定めて努力する	高い理想を目指す	理想との差の大きさに自信を失う
39	強みを使って大きな成果を出す	強みを発揮したがる	興味のないことや苦手なことを一切やらない
40	自分を認めてもらえる環境で力を発揮する	重要な存在でありたい	重要に扱われないとモチベーションが下がる
41	感謝されるために力を発揮する	感謝されたい	認められないと感じるとモチベーションが下がる
42	注目される場所で力を発揮する	注目されたい	自分が認められることが最優先になるため、共同作業が苦手
43	チームを率いる	自信を持って責任を取る	人に頼れない
44	チャレンジ精神	自分の可能性を信じる	独りよがりだと思われる
45	自発的に行動する	自ら道を決める	人の意見を聞かない
46	新しい人と知り合う	人に好かれる	嫌われることを恐れる
47	人と人が繋がるのを助ける	人を繋げる	深い付き合いを重視する人からは表面的で浅いと思われる
48	広いネットワークを作る	たくさんの人と知り合う	人からの頼みを断れない
49	他人のコントロールが上手い	意見を強く主張する	高圧的に思われる
50	指示がうまい事態の舵取りが上手い	主導権を握る	人から指図されたくない

	長所使い	才能	短所使い
51	リーダーシップがある	目標を示して周りを巻き込む	無駄な対立を起こす
52	当たり前のことに感謝ができる	関連性を直感的に見出す	繋がりを人に説明するのが苦手
53	安心感を与える	ゆとりがある	やる気に燃えているように見えず、周りからやる気がないと勘違いされる可能性がある
54	自分よりも大きな存在の一部でいる時に力を発揮する	世界と繋がりを感じる	風変わりなスピリチュアル系の、現実から乖離した人だと思われる
55	話を聞くのが上手い	他人の感情を引き出す	ネガティブに引っ張られる
56	共感力が高い	感情を察する	周りの人も自分と同じくらい他の人の痛みが分かると思い込んで「察して欲しいのに」と感じる
57	手助けが得意	他人の視点で考える	本音が言えない
58	1人1人に合わせた適材適所を実現できる	人の長所に気づく	個人を大事にしすぎてグループ全体の進行を犠牲にしまう
59	多様性を大事にする	人の個性に気づく	一般化されたルールを嫌う
60	1人1人に合わせたきめ細やかな対応ができる	人間観察をする	1人1人オーダーメイドの対応をしてしまって時間が足りなくなる
61	1対1で深い関係を築き、仕事仲間も家族のように大切にする	親密な関係を好む	仲のいい人へのえこひいき
62	仲のいい人と働いているときに力が湧いてくる	仲間意識が強い	形式的な職場では上手く働けない
63	誠実で信頼される	じっくりと人と関係を築く	1対1で時間をかけて関係性を築く必要性がある

	長所使い	才能	短所使い
64	粘り強く人を応援していける	人の可能性を信じる	適性がない場所で頑張らせてしまう
65	小さな成長に気づいて伝えることができる	人の成長を見届けて伝える	自分のことがおろそかになる
66	できることに目を向けさせる	人の成長を応援する	おせっかいになる
67	トラブルの調整が上手い調停が上手い	合意点を見つけて前に進める	相手と考えが違っていても波風が起きることを避けるために、個人的な思いを犠牲にする
68	話し合いによる意思決定が上手い	対立を避ける	意見がないと思われる
69	物事を現実的に前に進める	現実的	アイディア出しが苦手
70	組織に適応する	環境に適応する	人の要求に振り回される
71	突発的なトラブル対応が上手い	柔軟性がある	予測可能なことや同じことが続くと飽きる
72	状況に柔軟に合わせる	今この瞬間を大事にする	計画を立てるのが苦手で、日々の出来事に流されてしまう
73	どんな人でも役割と居場所を用意することで、チームワークを高める	グループの輪を広げる	仲間はずれを嫌う
74	グループを繋ぐハブになる	寛容	厳しい言葉を伝えるのが苦手
75	グループに一体感を持たせる	懐が深い	差別的な人と衝突する
76	いつも生き生きしている	ポジティブである	緻密な仕事が苦手

	長所使い	才能	短所使い
77	他人をやる気にさせるのが上手い	人を盛り立てる	物事を深く考えない人だと見られてしまう
78	落ち込むこともあるが1日寝れば回復する	良いことに注目する	嫌なことや問題から目をそらす
79	新しいスキルをどんどん学ぶ	新しいことを身につける	アウトプットを意識しないと学ぶだけで終わってしまう
80	最先端の知識を学ぶ	最新のことを学ぶ	ある程度分かってくると飽きる
81	人をより良い未来へ導く	常に希望を持っている	説明不足で相手に伝わらない
82	過去の成功パターンを再現する	過去を振り返る	過去に縛られる
83	目的を見失わない	原点を振り返る	情報不足で原点が分からないと動けない
84	リサーチが上手い	情報を集める	アウトプットを意識しないと、インプットをし続けてしまう
85	広い分野の知識を持つ	好奇心の範囲が広い	専門分野がないと浅い知識になる
86	相手が必要な時に素早く情報を提供する	集めた情報を役立てる	整理ができていない場合、活用できず宝の持ち腐れになる
87	体系立てて人に伝える	構造化して考える	考えるだけで動き出さない
88	あらゆる可能性を検討して、物事を進める最善のルートを見つける	最善の道筋を見つけ出す	目的に到達するためのルートが直感で見えてしまうので、周りの人も同じだと思って情報共有を怠ってしまう

	長所使い	才能	短所使い
89	いくつも方法を思いつくので、成果が出るまで粘り強く可能性を諦めない	複数の道筋を見つけ出す	いつもと同じやり方で物事を進めたくない
90	アイディア出しが上手い	抽象的に思考する	話が飛んで「何を言っているのか分からない」と言われる
91	創造が得意クリエイティブな思考力がある	関係のない事象に共通点を見つける	非現実的
92	新しいもの好き	好奇心がある	飽きっぽい
93	物事を様々な角度から深く考え本質的な答えを出す	考えることが好き	思考に時間が取られてスピードが落ちる
94	他人にも問いかけ、よく考えさせる	自分や他人に質問をする	考えている間は周りに意識が行かず、無関心に見えてしまう
95	分かりやすく整理して説明する	じっくりと考える	考えがまとまっていないと上手く説明できない
96	情報分析が上手い	事実が好き	分析しすぎて動けなくなる
97	感情的な問題にも冷静かつ公平に対応できる	客観的	感情を無視してしまう
98	論理的な判断ができる	論理的	「なぜ?」という質問が、疑り深く冷たいと思われてしまう
99	未来から逆算して行動する	未来を想像する	実現可能性を無視する
100	ビジョンを語ってチームのモチベーションを上げる	ビジョンからエネルギーを得る	実行が伴わないと、妄想家と思われて考えが軽んじられる

好きなこと（情熱）の 例 100リスト

1	動物	26	漫画
2	花	27	スポーツ
3	農業	28	格闘技
4	林業	29	トレーニング
5	宇宙	30	アウトドア
6	自然環境	31	旅行
7	ロボット	32	観光
8	IT	33	テーマパーク
9	コンピューター	34	ホテル
10	アート	35	ブライダル
11	写真	36	葬儀
12	商品デザイン	37	自動車
13	グラフィックデザイン	38	飛行機
14	音楽	39	バイク
15	歌	40	船
16	楽器	41	鉄道
17	イベント	42	ファッション
18	舞台	43	美容
19	映画	44	リラクゼーション
20	テレビ	45	料理
21	本	46	お菓子
22	雑誌	47	栄養
23	新聞	48	お酒
24	ゲーム	49	建築
25	アニメ	50	土木

参 考 文 献

『エッセンシャル思考』グレッグ・マキューン著　かんき出版

『モチベーション 3.0』ダニエル・ピンク著　講談社

『サーチ・インサイド・ユアセルフ』チャディー・メン・タン著　英治出版

『insight』ターシャ・ユーリック著　英治出版

『科学的な適職』鈴木 祐著　クロスメディア・パブリッシング

『最高の体調』鈴木 祐著　クロスメディア・パブリッシング

『ライザップはなぜ、結果にコミットできるのか』上阪 徹著　あき出版

『ポジティブ心理学入門』クリストファー・ピーターソン著　春秋社

『自分未来編集』鵜川洋明著　ミラク出版

『「手で書くこと」が知性を引き出す』吉田典生著　文響社

『ザ・ビジョン』ケン・ブランチャード著　ダイヤモンド社

『MINDSET「やればできる！」の研究』キャロル・S・ドゥエック著　草思社

『仕事なんか生きがいにするな』泉谷閑示著　幻冬舎

『「普通がいい」という病』泉谷閑示著　講談社

『セルフ・アウェアネス』ハーバード・ビジネス・レビュー編集部編　ダイヤモンド社

『さあ、才能に目覚めよう』トム・ラス著　日本経済新聞出版社

『ブレイン・プログラミング』アラン・ピーズ著　サンマーク出版

『人生の目的論』Utsu さん著　Kindle 版

『自分の価値を最大にするハーバードの心理学講義』ブライアン・R・リトル著　大和書房

『マネージャーの最も大切な仕事』テレサ・アマビール、スティーブン・クレイマー著　英治出版

『最強の自己分析』梅田幸子著　中経出版

『平均思考は捨てなさい 』トッド・ローズ著　早川書房